Manual de actividades que acompaña

Sol y viento

Beginning Spanish
Volume 2
Third Edition
Lección 5A–Lección final
(Appendices: Lección 4A and Lección 4B)

Bill VanPatten
TEXAS TECH UNIVERSITY

Michael J. Leeser
FLORIDA STATE UNIVERSITY

Gregory D. Keating
SAN DIEGO STATE UNIVERSITY

Mc Graw Hill — Connect Learn Succeed™

1 2 3 4 5 6 7 8 9 0 QDB / QDB 9 8 7 6 5 4 3 2 1

ISBN: 978-0-07-739778-4
MHID: 0-07-739778-9

Vice President, Editorial: *Michael J. Ryan*
Director, Editorial: *William R. Glass*
Publisher: *Katie Stevens*
Director of Development: *Scott Tinetti*
Development Editor: *Nina Tunac Basey*
Editorial Assistant: *Margaret Young* and *Laura Chiriboga*
Executive Marketing Manager: *Hector Alvero*
Marketing Manager: *Jorge Arbujas*
Production Editor: *Rachel J. Castillo*
Design Manager: *Preston Thomas*
Photo Research Coordinator: *Nora Agbayani*
Media Project Manager: *Thomas Brierly*
Buyer: *Tandra Jorgensen*
Composition: *Aptara, Inc.*
Typeface: *10/12 Palatino LT Std*
Printing: *50# Husky Offset, Quad/Graphics*

Contents

Notes to the Students

Welcome to the *Manual de actividades* to accompany *Sol y viento*, Third Edition, Volume 2! The *Manual* is a combined workbook and laboratory manual with additional listening, writing, and pronunciation activities. This volume contains activities related to the vocabulary and grammar presented in **Lección 5A** through the **Lección final** of your textbook. It also contains practice with the story line from the *Sol y viento* film from **Episodio 5** to **Episodio 9**. (**Lecciones 4A** and **4B** from Volume 1 are also included in Volume 2 as Appendix 1 and Appendix 2, respectively. The entire lessons, along with corresponding answers, are provided for those classes that did not complete them the previous term.)

- Each lesson of the *Manual* contains a **Primera parte, Segunda parte,** and **Tercera parte** that correspond to the same sections in your textbook. Within each of these sections, you will find a set of activities labeled **Vocabulario** and a set labeled **Gramática,** each of which provide additional written and aural practice with the material presented in the textbook.

- Each string of activities within a **Vocabulario** and **Gramática** section ends with a note that directs you to complete a particular activity that will be turned in later. These activities are called **¡Acción!** and appear at the end of the lesson. These activities are open-ended and allow you to demonstrate your ability to use the vocabulary and grammar presented in meaningful contexts. The section of **¡Acción!** activities is designed such that once a lesson is completed, you can tear out the section and turn it in to your instructor for review and evaluation.

   In general, when you complete a **Vocabulario** section in the textbook, you should then complete the corresponding section in the *Manual* and the **¡Acción!** activity that concludes it. As you complete a **Gramática** section in the textbook, you should then complete the corresponding section in the *Manual* and **¡Acción!** activity that concludes it. After completing all **Vocabulario** and **Gramática** sections, you will have completed all **¡Acción!** activities and may turn them in.

- You will find a special listening section in every lesson called **¡A escuchar!,** which immediately follows the **Tercera parte** and appears before the **Para escribir** section. Although the vocabulary and grammar sections also include listening activities, they are designed for the learning and practice of the particular target items in those sections. The **¡A escuchar!** listening activities, however, involve additional work with many of the film clips contained in the **Resumen de gramática** section in each lesson of the textbook. By working with only the audio portion of these film clips, you will continue to develop your listening comprehension skills as well as some listening strategies.

- At the end of every "B" lesson (e.g., **Lección 5B, Lección 6B,** and so forth) and at the end of the **Lección final** are writing activities called **Para escribir.** These activities focus on having you comment on, describe, and otherwise write about the *Sol y viento* film. Each **Para escribir** section contains three subsections: **Antes de escribir** (pre-writing activities), **A escribir** (drafting activities), and **Al entregar la composición** (peer editing and final draft activities). The idea here is to get you to first think about what you want to say and organize your thoughts. You then draft and rewrite as you see fit and are encouraged to get feedback from others. Finally, you will edit your draft, check your work for correct usage of certain grammar points, and then turn in a polished composition to your instructor.

- To do the listening activities (indicated with a headphones icon in the margin), you must listen to the Laboratory Audio Program to accompany *Sol y viento*. This program is available for purchase on a set of audio CDs and is also available on the Online Learning Center (**www.mhhe.com/solyviento3**).

- Most activities in the *Manual* have right and wrong answers so that you can check your work as you go. An Answer Key contains the answers to the non-audio-based activities. The answers to most audio-based activities are given right on the audio program itself. Some audio-based activities also have answers that are included in the ▲ Answer Key and are signaled by an icon (▲).

La tecnología y yo

OBJETIVOS

IN THIS LESSON, YOU WILL CONTINUE TO PRACTICE:

▶ words and expressions associated with computers and the Internet

▶ using verbs like **gustar** to talk about what interests you, bothers you, and so forth

▶ talking about useful electronic devices

▶ avoiding redundancy by using direct and indirect object pronouns together

▶ talking about your pastimes and activities now and when you were younger

▶ using imperfect verb forms to talk about what you used to do

Vocabulario

Mi computadora

Computers and Computer Use

Actividad A   ¿La computadora o la red?

Indica si la palabra que oyes se asocia con la computadora o la red.

	LA COMPUTADORA	LA RED
1.	☐	☐
2.	☐	☐
3.	☐	☐
4.	☐	☐
5.	☐	☐
6.	☐	☐
7.	☐	☐
8.	☐	☐

Actividad B   Usando la computadora

Pon en orden (del 1 al 7) las oraciones que describen algunas de las actividades típicas en la computadora. La primera está marcada.

_____ Se leen los mensajes nuevos.

_____ Se abre el programa del correo electrónico.

_____ Se hace clic en el botón «responder».

_____ Se escribe la contraseña para usar la computadora.

_____ Se apaga el programa del correo electrónico y la computadora.

__1__ Se enciende la computadora.

_____ Se escribe un mensaje y se le manda a la persona original.

Actividad C ¿Ventaja o desventaja? (*Advantage or disadvantage?*)

Las computadoras nos ofrecen muchas ventajas, pero presentan problemas también. Lee las oraciones e indica la respuesta más lógica. ¡OJO! En algunos casos, hay más de una respuesta posible.

	VENTAJA	DESVENTAJA
1. Puedes estar en contacto con personas de todas partes del mundo.	☐	☐
2. Hay que guardar los documentos con frecuencia.	☐	☐
3. Las páginas Web contienen todo tipo de información.	☐	☐
4. Los estudiantes pueden hacer una búsqueda en la red en vez de tener que ir a la biblioteca.	☐	☐
5. Se puede descargar música.	☐	☐
6. A veces las computadoras se congelan.	☐	☐
7. El disco duro guarda muchísima información.	☐	☐

Go to page 13 to complete ¡Acción! 1.

Gramática

¡Me fascina! Verbs Like **gustar**

Actividad D Reacciones típicas

For each situation, select the response that makes the most sense.

1. Dos personas reciben una tarjeta electrónica el día de su aniversario.

   a. Les agrada. **b.** No les importa.

2. Unos profesores descubren que sus estudiantes comparten por correo electrónico las respuestas para un examen.

   a. Les parece bien. **b.** Les molesta mucho.

3. Los empleados de una compañía no pueden descargar documentos necesarios por correo electrónico.

   a. Les encanta. **b.** No les gusta.

4. Dos secretarias reciben documentos electrónicos con virus destructivos.

   a. Les cae bastante bien. **b.** Les cae muy mal.

5. Unos estudiantes intentan hacer una tarea en el Internet, pero el enlace no funciona.

   a. No les molesta. **b.** Les molesta.

6. Los ejecutivos ocupados (*busy*) reciben el mismo mensaje de sus empleados diez veces.

   a. No les agrada. **b.** Les encanta.

Actividad E ¿Afición o fobia?

Paso 1 Listen to each statement and indicate if the speaker is a computer fan (**Es aficionado/a**) or someone who is afraid of computers (**Tiene fobia**).

	ES AFICIONADO/A.	TIENE FOBIA.
1.	☐	☐
2.	☐	☐
3.	☐	☐
4.	☐	☐
5.	☐	☐
6.	☐	☐
7.	☐	☐
8.	☐	☐

Paso 2 Now listen to the statements from **Paso 1** again and indicate if you agree with the speaker (**A mí sí/también**) or not (**A mí no/tampoco**). Are you a fan of computers?

1. ☐ A mí también.

   ☐ A mí no.

2. ☐ A mí también.

   ☐ A mí no.

3. ☐ A mí sí.

   ☐ A mí tampoco.

4. ☐ A mí también.

   ☐ A mí no.

5. ☐ A mí también.

   ☐ A mí no.

6. ☐ A mí sí.

   ☐ A mí tampoco.

7. ☐ A mí también.

   ☐ A mí no.

8. ☐ A mí sí.

   ☐ A mí tampoco.

Go to page 14 to complete ¡Acción! 2.

SEGUNDA PARTE ▮▮▮▮▮▮▮▮▮▮▮▮▮▮▮▮▮

Vocabulario

Mi celular

Electronic Devices

Actividad A   Los aparatos electrónicos

Paso 1   Indica si cada aparato electrónico que oyes es normalmente fijo o portátil.

	FIJO/A	PORTÁTIL
1.	☐	☐
2.	☐	☐
3.	☐	☐
4.	☐	☐
5.	☐	☐
6.	☐	☐

Paso 2   Ahora escucha la lista de aparatos del **Paso 1** otra vez y empareja cada uno con la palabra o frase correspondiente de la lista.

1. _____

2. _____

3. _____

4. _____

5. _____

6. _____

   a. los números
   b. las películas
   c. los documentos urgentes
   d. la música
   e. las fotos
   f. los mensajes de texto (*text messages*)

Actividad B Un mundo electrónico

Empareja las actividades y los accesorios con el aparato correspondiente. **¡OJO!** Algunos se asocian con más de un aparato.

	EL TELEVISOR	EL TELÉFONO
1. el celular	☐	☐
2. el juego electrónico	☐	☐
3. la máquina fax	☐	☐
4. el mando a distancia	☐	☐
5. el buzón de voz	☐	☐

Actividad C ¿Funciona o no?

Indica si el aparato descrito funciona o no.

	FUNCIONA.	NO FUNCIONA.
1. Enciendes la computadora y la pantalla te pide la contraseña.	☐	☐
2. En el estéreo se saltan (*skip*) algunas partes de las canciones.	☐	☐
3. La máquina fax no está conectada al teléfono.	☐	☐
4. Estás trabajando en la computadora y el programa se congela.	☐	☐
5. No puedes cambiar de canal con el mando a distancia.	☐	☐
6. Marcas un número en el celular, pero ese número está comunicado (*busy*).	☐	☐
7. La calculadora te dice que dos más dos son cinco.	☐	☐

 Go to pages 14–15 to complete ¡Acción! 3.

Gramática

Ya te lo dije.   Double-Object Pronouns

Actividad D ¿Me lo haces?

Listen to the questions and match each one to the correct response. You will hear each question twice.

1. _____
2. _____
3. _____
4. _____
5. _____
6. _____
7. _____
8. _____

a. Ya te las di.
b. Sí, sí. Se lo digo.
c. Ya te los devolví (*returned*).
d. Te la dejé en tu cuarto.
e. Creo que ya te lo di, ¿no?
f. No, ¿me la puedes explicar?
g. Sí, claro. ¿Me las puedes poner en el comedor?
h. Sí, ¿me lo puedes traer?

Actividad E ¿Eres independiente o no?

Paso 1 Read each question, then circle the responses to each that are *not* grammatically possible.

1. ¿Te limpia la cocina otra persona?

   a. No, me la limpio yo.
   b. No, no me lo limpia.
   c. Sí, me la limpia.
   d. Sí, te la limpia.

2. ¿Te dicen tus padres: «Llámanos más»?

   a. No, no me lo dicen.
   b. No, no se lo dicen.
   c. Sí, me la dicen.
   d. Sí, me lo dicen.

3. ¿Te lava los platos otra persona?

   a. No, no me las lava.
   b. No, me los lavo yo.
   c. Sí, me los lava.
   d. Sí, se los lavo yo.

4. ¿Te da dinero otra persona?

   a. No, no me lo da.
   b. No, no se lo doy.
   c. Sí, me lo da.
   d. Sí, me la da.

(continued)

5. ¿Te paga las cuentas otra persona?

    a. No, no se las pago.
    b. No, me las pago yo.
    c. Sí, me las paga.
    d. Sí, me los paga.

Paso 2 Of the remaining answers for each item in **Paso 1,** write the letter of the one that describes your personal situation.

    1. ____   **2.** ____   **3.** ____   **4.** ____   **5.** ____

Paso 3 Use the following key to determine how independent you are.

    a or **b** = 1 point   **c** or **d** = 0 points

    (1.) ____ + (2.) ____ + (3.) ____ + (4.) ____ + (5.) ____ = _____

    5 = muy independiente   0 = muy consentido/a (*pampered*)

Actividad F ¿Se te aplica?

Indicate the most logical response for each situation.

1. Mis amigos me piden dinero, pero no lo tengo.

    a No se lo doy.   **b.** No me lo dan.   **c.** Se lo doy.

2. Mi amigo tiene un problema, pero no quiere mis consejos.

    a. Me los pide igualmente.   **b.** No se los doy.   **c.** No me los da.

3. Tengo unos libros de texto que mi amigo necesita por un día y yo no los necesito.

    a. Me los da.   **b.** Se los doy.   **c.** Se lo doy.

4. Mi amiga olvidó (*forgot*) traer dinero en efectivo para su refresco y no aceptan tarjetas de crédito.

    a. Se lo pago.   **b.** Me la paga.   **c.** Me lo paga.

5. Una compañera me pide una goma de borrar (*eraser*) durante un examen.

    a. Me la pasa.   **b.** Se la doy.   **c.** Se lo doy.

6. Mi profesor hace una pregunta en clase y yo sé la respuesta.

    a. Me la contesta.   **b.** Se lo dice.   **c.** Se la contesto.

7. Encontré las monedas que perdió mi hermano.

    a. Me las da.   **b.** Se las doy.   **c.** Se lo doy.

 Go to page 15 to complete ¡Acción! 4.

TERCERA PARTE ⬛⬜⬜⬜⬜⬜⬜⬜⬜⬜⬜⬜⬜⬜⬜⬛

Vocabulario

Mi niñez y juventud

Typical Childhood
and Adolescent Activities

Actividad A   ¿Cómo se portan?

Escucha las descripciones e indica si los niños se portan bien o mal.

	SE PORTAN BIEN.	SE PORTAN MAL.
1.	☐	☐
2.	☐	☐
3.	☐	☐
4.	☐	☐
5.	☐	☐
6.	☐	☐
7.	☐	☐
8.	☐	☐

Actividad B   ¿Niños sedentarios (*inactive*)?

Indica si la actividad es sedentaria o activa.

		SEDENTARIA	ACTIVA
1.	jugar a los videojuegos	☐	☐
2.	pelearse con los hermanos	☐	☐
3.	correr	☐	☐
4.	dibujar	☐	☐
5.	leer las tiras cómicas	☐	☐
6.	jugar al escondite	☐	☐

Actividad C ¿Cómo es?

Indica el adjetivo que mejor describa a cada tipo de persona.

1. Una niña a quien le gusta meterse en líos es...

   a. imaginativa. **b.** traviesa. **c.** adaptable.

2. Un chico prudente que toma muchas precauciones es...

   a. precavido. **b.** impaciente. **c.** torpe.

3. Los niños que no dicen la verdad son...

   a. obedientes. **b.** mentirosos. **c.** cabezones.

4. Un hijo que siempre hace lo que le dicen sus padres es...

   a. torpe. **b.** travieso. **c.** obediente.

5. Los niños que quieren todo inmediatamente son...

   a. impacientes. **b.** obedientes. **c.** imaginativos.

6. Una niña que no escucha a nadie es...

   a. cabezona. **b.** traviesa. **c.** precavida.

 Go to page 16 to complete ¡Acción! 5.

Gramática

¿En qué trabajabas?

Introduction to the
Imperfect Tense

Actividad D ¿Qué hacía?

An eighty-year-old man describes his childhood. Indicate if what he says is a lie (**mentira**) or if it's possibly true (**posible**).

	MENTIRA	POSIBLE
1. Me burlaba de (*I made fun of*) las niñas para hacerlas llorar (*cry*).	☐	☐
2. Escribía la tarea en la computadora.	☐	☐
3. Me encantaba jugar al escondite.	☐	☐
4. Coloreaba encima de los cuadros de Picasso.	☐	☐
5. Salía con Shakira.	☐	☐
6. Iba al cine con amigos.	☐	☐

Actividad E   ¡Es mucho más fácil!

Match each electronic device with the problem or situation that it solves or changes.

Antes de comprarme...

1. _____ la barra de memoria...
2. _____ la cámara digital...
3. _____ el buzón de voz...
4. _____ los videojuegos...
5. _____ el mando a distancia...
6. _____ la máquina fax...
7. _____ la computadora...
8. _____ el teléfono celular...

a. me levantaba con frecuencia.
b. no recibía mensajes.
c. no podía transportar información.
d. escribía a máquina (*on a typewriter*).
e. jugaba a las cartas.
f. usaba los teléfonos públicos.
g. gastaba mucho dinero en revelar los carretes (*developing film*).
h. mandaba los documentos por correo.

Actividad F   ¿Cómo era y cómo es hoy?

Listen to a woman describe what she was like and what she used to do as a child compared to now. Then indicate whether the statements below are true or false, based on what she says.

	CIERTO	FALSO
1. Era torpe.	☐	☐
2. Es físicamente activa.	☐	☐
3. Es sedentaria.	☐	☐
4. Era obediente.	☐	☐
5. Es imaginativa.	☐	☐
6. Usa muchos aparatos.	☐	☐
7. Es rebelde (*rebellious*).	☐	☐
8. Era traviesa.	☐	☐

Go to page 16 to complete ¡Acción! 6.

▲ ¡A escuchar!

Actividad A   Un regalo de los dioses (*gods*)

Paso 1   Escucha la conversación entre Jaime y Traimaqueo. Llena los espacios en blanco con las palabras que oyes.

> TRAIMAQUEO: ¡El vino _____^{1} _____^{2} _____^{3} de los dioses, don Jaime!
>
> ¡_____^{4} maravilloso! Como _____^{5} el poeta, don Pablo Neruda:
>
> «Vino _____^{6} _____^{7} _____,^{8} vino _____^{9}
>
> _____^{10} _____,^{11}
>
> vino con pies de púrpura^a o sangre de topacio,^{b} vino... »
>
> JAIME: Ya _____^{12} _____^{13} _____,^{14} señor. Su pasión es _____.^{15}

^{a}pies... *purple feet* ^{b}sangre... *topaz-colored blood*

Paso 2   Escucha el segmento de nuevo. Luego, indica si las siguientes oraciones son ciertas o falsas.

		CIERTO	FALSO
1.	Traimaqueo ve el vino como algo malo.	☐	☐
2.	Jaime cree que la pasión por el vino que tiene Traimaqueo es evidente.	☐	☐

Actividad B   Hijo de campesinos (*farmworkers*)

Paso 1   Escucha la conversación entre Jaime y María. Luego, indica si las siguientes oraciones son ciertas o falsas.

		CIERTO	FALSO
1.	Jaime sabe mucho de vino porque sus padres eran campesinos y ha estado rodeado (*he has been surrounded*) de uvas (*grapes*) toda su vida.	☐	☐
2.	Jaime vivía con sus padres en el Valle Central de California.	☐	☐

Paso 2   Escucha el segmento de nuevo. Basándote en el contexto, contesta las siguientes preguntas.

1.   ¿Qué palabra significa *a little?* _____

2.   ¿Qué palabra se usa para pedir una aclaración (*clarification*) cuando uno no comprende bien lo que alguien le dice? _____

Nombre _____ Fecha _____ Clase _____

▰ ¡Acción!*

¡Acción! 1   ¿Te ayuda? (*Does it help you?*)

Explica en una o dos oraciones si las siguientes actividades relacionadas con las computadoras te ayudan a aprender el español o no.

> MODELO: leer el periódico de un país hispanohablante →
> Leer el periódico me ayuda a aprender más vocabulario y a saber más de otro país.

1. descargar la música en español

   _____

   _____

2. comunicarme con los compañeros de la clase de español por correo electrónico

   _____

   _____

3. intercambiar mensajes en el Internet con alguien de un país de habla española

   _____

   _____

4. escribir mis tareas en un programa que tiene diccionario de español

   _____

   _____

5. buscar enlaces interesantes a las páginas Web en español

   _____

   _____

6. participar en una sala de chat en español

   _____

   _____

_____

*As with Volume 1 of the *Manual de actividades,* the **¡Acción!** activities are designed to be completed as you finish the corresponding sections in the lesson. There are no answers in the Answer Key for these activities. When you have completed all of the **¡Acción!** activities, you should tear them out of the *Manual* and turn them in to your instructor.

¡Acción! 2   ¿Qué te interesa en la red?

Usa las siguientes expresiones en dos oraciones completas para describir y explicar los tipos de página Web que te interesan o no.

encantar   gustar   interesar

fascinar   importar   molestar

MODELOS: las noticias →

Me importa saber lo que pasa en el mundo. Me gusta leer las noticias (*news*) en la red. (No me interesan las noticias. Me molesta leer cosas negativas.)

1. los deportes

   _____

2. los pasatiempos (*hobbies*)

   _____

3. los rompecabezas (*puzzles*) y otros juegos

   _____

4. las compras

   _____

5. las tiras cómicas y los chistes

   _____

6. otro

   _____

¡Acción! 3   ¿Ayuda o molesta?

Escribe una oración que describe cómo cada uno de los siguientes aparatos electrónicos pueden ser útiles o una molestia (*nuisance*).

MODELO: el estéreo →

Uno puede relajarse (*relax*) con la música del estéreo, pero el estéreo puede molestar cuando el volumen está demasiado alto.

1. el celular

   _____

   _____

2. la cámara digital

   _____

   _____

3. el mando a distancia

   _____

   _____

4. la computadora portátil

_____

_____

5. el televisor

_____

_____

6. la videocámara

_____

_____

¡Acción! 4   ¿Cómo son tus relaciones con tus amigos?

Paso 1   Contesta las siguientes preguntas sobre las relaciones entre tú y un buen amigo (una buena amiga). Usa oraciones completas.

1. ¿Te pide consejos (*advice*) tu amigo/a?

_____

2. ¿Le pides tú consejos a él/ella?

_____

3. ¿Te presta (*he/she lend*) dinero? ¿Le devuelves (*you return*) el dinero pronto (*soon*)?

_____

4. ¿Le prestas dinero tú a él/ella? ¿Te devuelve el dinero pronto?

_____

Paso 2   Basándote en tus respuestas a las preguntas del **Paso 1,** indica cuáles de las declaraciones son ciertas para tus relaciones con tu amigo/a.

☐ Somos generosos/as con los consejos.

☐ No somos generosos/as con los consejos.

☐ Somos generosos/as con el dinero.

☐ No somos generosos/as con el dinero.

¡Acción! 5   Las emociones de la niñez

Paso 1   Escribe una oración completa que describe las emociones que asocias o asociabas de niño/a con las siguientes frases. Explica por qué.

> MODELO: sacar la licencia de conducir →
> Sacar la licencia de conducir causa muchas tensiones porque es muy importante, pero también muy difícil.

1. leer las tiras cómicas

   _____

   _____

2. enamorarse

   _____

   _____

3. pelearse con otros niños

   _____

   _____

4. meterse en líos

   _____

   _____

Paso 2   En general, ¿con qué emociones asocias tu niñez?

_____

_____

¡Acción! 6   De niño/a

Habla con un pariente o amigo/a mayor que tú y hazle preguntas sobre lo que él/ella hacía de niño/a. Luego, escribe un párrafo de veinticinco a cincuenta palabras para describir la niñez y juventud de esa persona. (Si prefieres, puedes describir tu propia [*your own*] niñez o juventud.)

_____

_____

_____

_____

_____

Érase una vez...

OBJETIVOS

IN THIS LESSON, YOU WILL CONTINUE TO PRACTICE:

▶ expressing years, decades, and centuries

▶ using the preterite and the imperfect together to narrate events

▶ talking about important historical events

▶ talking about important personal events

Vocabulario

En 1972...

Actividad A   ¿En qué orden?

▲ Apunta (*Jot down*) los números que oyes y luego ponlos en orden, del menor al mayor. Vas a oír cada número dos veces.

	NÚMERO	ORDEN
1.	_____	_____
2.	_____	_____
3.	_____	_____
4.	_____	_____
5.	_____	_____
6.	_____	_____
7.	_____	_____
8.	_____	_____

Actividad B   ¿En qué siglo?

Primero, escribe cada año en números. Luego, empareja el año con el siglo correspondiente. El primero ya está hecho (*is done*) para ti.

1. __g__ mil ochocientos setenta y tres: ___1873___
2. _____ mil diez: _____
3. _____ mil seiscientos veintitrés: _____
4. _____ mil doscientos ochenta y seis: _____
5. _____ mil trescientos doce: _____
6. _____ dos mil cincuenta y dos: _____
7. _____ mil cuatrocientos noventa y dos: _____
8. _____ mil setecientos setenta y seis: _____

a. XI (once)
b. XIII (trece)
c. XIV (catorce)
d. XV (quince)
e. XVII (diecisiete)
f. XVIII (dieciocho)
g. XIX (diecinueve)
h. XXI (veintiuno)

Go to page 29 to complete ¡Acción! 1.

Gramática

¿Qué hacías cuando te llamé?

Contrasting the Preterite
and Imperfect

Actividad C ¿Quién pregunta?

Match each person with an appropriate question.

1. _____ el detective

2. _____ el instructor

3. _____ el policía

4. _____ el médico (*doctor*)

5. _____ el jefe (*boss*)

6. _____ el novio

    a. ¿Cómo te sentías cuando decidiste tomar esa medicina?
    b. ¿Dónde estabas cuando sonó la campana (*the bell rang*)?
    c. ¿En qué pensaba Ud. cuando escribió este informe (*report*)?
    d. ¿Dónde estabas anoche cuando te llamé?
    e. ¿Qué dijo el hombre mientras sacaba el revólver?
    f. ¿Sabe Ud. a qué velocidad (*speed*) iba cuando me pasó?

Actividad D ¿Qué pasó?

Circle the best option to finish each sentence that you hear. You will hear the beginning of each sentence twice.

1. **a.** cuando tomé el examen.
   b. el día que me gradué.
   c. cuando vi el accidente.

2. **a.** cuando conocí a mi novia.
   b. cuando fui al gimnasio.
   c. cuando asistí a mi primera clase de español.

3. **a.** cuando me gradué de la universidad.
   b. cuando entré en la escuela primaria (*elementary*).
   c. cuando saqué la licencia de conducir.

4. **a.** cuando supe (*I found out*) de la guerra (*war*).
   b. cuando terminé el examen.
   c. cuando llegué al aeropuerto.

5. **a.** cuando me dormí.
   b. cuando me acosté.
   c. cuando me despertó el teléfono.

Actividad E ¿Dónde estaba?

Match the phrase that would logically complete each sentence.

1. _____ La madre todavía preparaba la cena cuando...

2. _____ Los estudiantes todavía hacían sus exámenes cuando...

3. _____ Antonio todavía levantaba pesas cuando...

4. _____ Laura no oyó el teléfono porque...

5. _____ El ladrón (*thief*) entró y salió con las joyas (*jewelry*) mientras...

6. _____ El equipo perdió el partido que...

7. _____ José Luis quitó la mesa mientras...

8. _____ Los niños veían su programa de televisión favorito cuando...

a. todavía pasaba la aspiradora.
b. se apagaron las luces y el televisor.
c. tenía que ganar para entrar en el campeonato.
d. la familia tomaba el postre y un café en la sala.
e. el profesor dijo que ya era hora de entregárselos (*turn them in*).
f. cerraron el gimnasio.
g. los hijos llegaron a casa para comer.
h. el perro dormía sin oír nada.

 Go to page 29 to complete ¡Acción! 2.

SEGUNDA PARTE

Vocabulario

Durante la guerra...

Important Events and Occurrences

Actividad A ¡Busca el intruso!

Indica la palabra que *no* se asocia con la primera palabra.

1. la guerra

   a. la revolución   **b.** invadir   **c.** el terremoto

2. el huracán

   a. el terremoto   **b.** la lluvia   **c.** el viento

3. la depresión económica

   a. el dinero   **b.** las fiestas   **c.** la pobreza (*poverty*)

4. la exploración

   a. descubrir   **b.** la llegada   **c.** la revolución

5. la independencia

   a. celebrar   **b.** la revolución   **c.** el descubrimiento

Actividad B   Asociaciones

Escucha cada palabra o frase e indica las palabras o expresiones correspondientes.

1. _____   **a.** San Francisco, 1906

             b. los pasaportes

2. _____   **c.** el espacio y el sistema solar

             d. la Bolsa de valores (*stock market*)

3. _____   **e.** Katrina, Andrew, Mitch

             f. 1776

4. _____   **g.** civil

5. _____

6. _____

7. _____

Actividad C   Y todo cambió

Lee cada oración y emparéjala con el evento correspondiente.

1. _____ El presidente caminaba con su guardaespaldas (*bodyguard*) cuando un hombre le disparó (*shot*).

2. _____ Todo iba muy bien cuando los precios subieron hasta el cielo (*climbed sky-high*).

3. _____ La gente dormía cuando todo empezó a temblar (*tremble*).

4. _____ El primer ministro se reunía con unos senadores cuando entraron los militares y tomaron el poder (*power*).

5. _____ El cacique (*chief*) indígena reinaba (*ruled*) sobre su gente cuando llegaron los europeos e impusieron (*imposed*) un nuevo régimen.

6. _____ El cielo se puso (*became*) negro, empezó a llover muchísimo y un viento muy fuerte destruyó (*destroyed*) los árboles.

7. _____ La gente que vivía en la colonia decidió luchar (*to fight*) por su independencia.

a. un golpe de estado (*coup d'état*)

b. un terremoto

c. una revolución

d. un asesinato (*assassination*)

e. una conquista

f. un huracán

g. una crisis económica

 Go to page 30 to complete ¡Acción! 3.

Gramática

¡No lo sabía!

Actividad D   ¿Qué pasó?

Indicate if the sentences you hear describe actions that have been completed (**realizada**), not completed (**no realizada**), or if it is unknown whether the action was completed or not (**No se sabe**).

	REALIZADA	NO REALIZADA	NO SE SABE
1.	☐	☐	☐
2.	☐	☐	☐
3.	☐	☐	☐
4.	☐	☐	☐
5.	☐	☐	☐
6.	☐	☐	☐
7.	☐	☐	☐
8.	☐	☐	☐

Actividad E   Ya lo conocía

Select the option that best completes each statement.

1. Anoche me presentaron (*they introduced*) a Jason. Así es como…

   a. lo conocía.   **b.** lo conocí.

2. Fue Cristina quien le dijo a Marisela que Alicia y David se separaron. Hasta ese momento, Marisela…

   a. no lo sabía.   **b.** no lo supo.

3. Te llamamos varias veces pero no contestaste. Así que…

   a. no podíamos conseguirte.   **b.** no pudimos conseguirte.

4. José era muy buen amigo mío. Así que ya…

   a. lo conocía bastante bien.   **b.** lo conocí en la fiesta.

5. Sergio estudió y enseñó filosofía durante muchos años. Me imagino que…

   a. sabía algo de Aristóteles.   **b.** supo algo de Aristóteles.

6. Tomé un curso de tejer (*weaving*) porque…

   a. quería aprender algo nuevo.   **b.** quise aprender algo nuevo.

Actividad F   Claudia

Listen to what Claudia (a university student) says, then indicate the corresponding sentence. You will hear each of Claudia's statements twice.

1. ☐ Claudia no quería trabajar con David.

   ☐ Claudia no quiso trabajar con David.

2. ☐ Lo conocía bien.

   ☐ Lo conoció hace poco tiempo.

3. ☐ Ya sabía del divorcio de Javier.

   ☐ Supo del divorcio de Javier.

4. ☐ Pudo terminarlo.

   ☐ Podía terminarlo.

5. ☐ Quería ir al cine.

   ☐ Quiso ir al cine.

6. ☐ Conoció Buenos Aires en ese viaje.

   ☐ Ya conocía Buenos Aires.

  Go to page 30 to complete ¡Acción! 4.

TERCERA PARTE

Vocabulario

Me gradué en 2010.

Actividad A   Los eventos importantes

Lee cada oración y emparéjala con el evento correspondiente.

1. ____ Les regalé una noche de hotel para su luna de miel (*honeymoon*).

2. ____ Les compré ropa de bebé.

3. ____ Le envié una tarjeta de simpatía.

4. ____ Les regalé un adorno (*decoration*) para la casa nueva.

5. ____ La invité a cenar para conocer a gente nueva.

6. ____ Le compramos un bolígrafo elegante y un reloj.

a. la muerte del esposo de Luisa
b. la graduación de Marcos
c. el nacimiento del primer hijo de Carla y Ramón
d. el divorcio de Rosa
e. la boda de Ángela y Pedro
f. la mudanza de Olga y Andrés

Actividad B   Opuestos

Escucha cada palabra y emparéjala con la palabra opuesta.

1. ____
2. ____
3. ____
4. ____
5. ____
6. ____
7. ____
8. ____

a. morir
b. quedarse
c. tumultuoso
d. divorciarse
e. perder
f. alegre
g. fracasar
h. pasarlo mal

Go to page 31 to complete **¡Acción! 5.**

Gramática

Tenía 30 años cuando nació mi primer hijo.

Summary of the Preterite and Imperfect

Actividad C ¿Te interrumpen?

Indicate whether the interrupting action in each sentence is a help (**ayuda**) or a distraction (**distracción**).

	AYUDA	DISTRACCIÓN
1. **Escribías** un trabajo (*paper*) cuando tu compañero/a de cuarto encendió la televisión.	☐	☐
2. Un joven **conducía** cuando recibió una llamada en el celular.	☐	☐
3. Un estudiante **trabajaba** en la computadora cuando el programa corrigió (*corrected*) la gramática en su última oración.	☐	☐
4. Un joven **conducía** cuando vio que el semáforo (*traffic light*) cambió a rojo.	☐	☐
5. Un estudiante **escribía** en la computadora cuando se abrió un anuncio emergente (*pop-up*) en la pantalla.	☐	☐
6. **Escribías** un trabajo cuando se te ocurrió una buena conclusión.	☐	☐
7. **Hacías** tus planes de boda cuando recibiste un regalo de mil dólares de tus tíos.	☐	☐
8. **Trabajabas** en un proyecto importante cuando tu amigo te llamó para charlar de sus vacaciones.	☐	☐

Actividad D ¿Qué pasó?

Match each situation that you hear with the corresponding event.

1. _____
2. _____
3. _____
4. _____
5. _____
6. _____

a. la muerte
b. el cumpleaños
c. la mudanza
d. la boda
e. el nacimiento
f. la graduación

 Go to page 31 to complete ¡Acción! 6.

▲ ¡A escuchar!

Actividad A   Mucho trabajo

Paso 1   Escucha la conversación entre Carlos y doña Isabel. Llena los espacios en blanco con las palabras que oyes.

CARLOS: Entonces sabrás[a] que _____[1] _____[2] _____[3] con la viña, mamá.

ISABEL: Cuando _____[4] tu papá, te encargaste de los negocios. Yo ya _____[5] vieja y tu hermana _____[6] _____[7] _____[8].

[a]*you must know*

Paso 2   Escucha el segmento de nuevo. Luego, indica si las siguientes oraciones son ciertas o falsas.

		CIERTO	FALSO
1.	Doña Isabel era joven (*young*) cuando se murió su marido.	☐	☐
2.	Carlos se encargó de los negocios cuando murió su papá.	☐	☐

Actividad B   ¿Novio o ayudante?

Paso 1   Escucha la conversación entre María y Jaime. Luego, indica si las siguientes oraciones son ciertas o falsas.

		CIERTO	FALSO
1.	Diego es profesor al igual que (*like*) María.	☐	☐
2.	Jaime pensó que Diego era el novio de María.	☐	☐

Paso 2   Escucha el segmento de nuevo. Basándote en el contexto, contesta las siguientes preguntas.

1.   Fíjate en los usos de la palabra **que** en el diálogo. ¿Cuál es su significado literal en inglés?

    a. *that*   **b.** *if*   **c.** *for*

2.   En general, ¿qué función pragmática tienen las palabras **que** y **pues** para Jaime en esta conversación?

    a. Es una manera de ganar (*buy*) tiempo para pensar en su respuesta.
    b. Es una manera de expresar tristeza (*sadness*).
    c. Es una manera de expresar alegría (*happiness*).

 # Para escribir

Antes de escribir

Paso 1 Para esta actividad, vas a escribir una breve narración sobre los eventos del día perfecto desde el punto de vista (*point of view*) de María o Jaime. Para comenzar, indica quién de los dos diría (*would say*) las siguientes oraciones. ¡OJO! En algunos casos puede ser los dos. (Los espacios en blanco son para el **Paso 2**.)

		JAIME	MARÍA
1.	_____ La esperaba (*I waited*) en la entrada (*entrance*) del funicular.	☐	☐
2.	_____ Leía un artículo con mi foto cuando llegué.	☐	☐
3.	_____ ¡Me besó (*kissed*)!	☐	☐
4.	_____ Se me olvidó (*I forgot*) por completo mi cita con Diego.	☐	☐
5.	_____ Pensé que tenía otro novio (*boyfriend*).	☐	☐
6.	_____ Tomamos una copa de vino y hablamos un poco de mi familia.	☐	☐
7.	_____ Lo pasábamos muy bien cuando llamó Diego.	☐	☐
8.	_____ Tuvo que salir.	☐	☐
9.	_____ Fue un día perfecto.	☐	☐
10.	_____ Su trabajo me parecía muy interesante.	☐	☐
11.	_____ Mientras subíamos en el funicular hablábamos de su trabajo y del mío.	☐	☐

Paso 2 Ahora decide si vas a narrar los eventos del día desde la perspectiva de Jaime o María y pon los eventos del **Paso 1** en orden cronológico. Escribe los números en los espacios en blanco del **Paso 1**.

A escribir

Paso 1 Usa los eventos del **Paso 1** de **Antes de escribir** para escribir un borrador en una hoja de papel aparte. Puedes utilizar las oraciones del personaje que *no* elegiste para dar más información, pero recuerda que vas a tener que cambiar algunos pronombres y verbos. Las palabras y expresiones a continuación te pueden ser útiles.

de repente	suddenly
desafortunadamente	unfortunately
después	afterwards
después de + (*noun/infinitive*)	after + (*noun/gerund*)
entonces	then
luego	then
más tarde	later
pero	but
por fin	finally
y	and

Paso 2 Repasa bien lo que has escrito. ¿Quieres agregar (*to add*) palabras, expresiones u oraciones para hacer la narración más interesante?

Paso 3 Intercambia tu composición con la de un compañero (una compañera) de clase. Mientras lees su composición, revisa los siguientes puntos.

☐ el significado y el sentido en general

☐ la concordancia entre sustantivo y adjetivo

☐ la concordancia entre sujeto y verbo

☐ la ortografía

Al entregar la composición

Usa los comentarios de tu compañero/a de clase para escribir una versión final de tu composición. Repasa los siguientes puntos sobre el lenguaje y luego entrega la composición a tu profesor(a).

☐ el uso del pretérito y del imperfecto

☐ la forma correcta de los pronombres

▣ ¡Acción!

¡Acción! 1   ¿Cuántos hay?

Contesta cada pregunta con una oración completa. Escribe el número correcto en palabras.

MODELO: ¿Cuántos minutos hay en veinticuatro horas? → Hay mil cuatrocientos cuarenta minutos en veinticuatro horas.

1. ¿Cuántos segundos hay en una hora?

   _____

2. ¿Cuántas pulgadas (*inches*) hay en doscientos pies (*feet*)?

   _____

3. ¿Cuántos años hay en un milenio (*millennium*)?

   _____

4. ¿Cuántos minutos hay en una semana?

   _____

5. ¿Cuántos milímetros hay en dos metros y medio?

   _____

6. ¿Cuántos huevos hay en dos mil docenas (*dozens*)?

   _____

¡Acción! 2   ¿Le puedo hacer una pregunta?

Escribe preguntas para seis personas históricas para saber qué pasaba cuando hicieron algo importante.

MODELO: Colón → ¿Adónde iba Ud. cuando llegó a América?

1. _____
2. _____
3. _____
4. _____
5. _____
6. _____

¡Acción! 3 La época actual (*current*)

En tu opinión, ¿qué eventos actuales puedes describir con los siguientes adjetivos? Escribe una oración completa con el adjetivo dado (*given*).

MODELO: difícil → Es una época difícil por los problemas del medioambiente.

1. emocionante

   _____

2. estable

   _____

3. feliz

   _____

4. oscuro

   _____

5. pacífico

   _____

6. tumultuoso

   _____

¡Acción! 4 En esta clase

Contesta las siguientes preguntas sobre tu clase de español. Escribe oraciones completas.

MODELO: ¿A quién(es) conocías en esta clase? →Yo no conocía a nadie.

1. ¿Cómo conociste al profesor (a la profesora)?

   _____

2. ¿Qué sabías de este curso antes de tomarlo?

   _____

3. ¿Cuánto español sabías antes de este curso?

   _____

4. ¿Qué supiste de este curso el primer día?

   _____

5. ¿Hay algo que no sabías decir en español pero que ahora sí sabes cómo decirlo?

   _____

6. ¿Hay algo que no hiciste para esta clase?

   _____

¡Acción! 5   Una definición personal

Escribe un párrafo de veinticinco a cincuenta palabras para definir lo que es tener éxito en tu vida personal.

_____

_____

_____

_____

_____

¡Acción! 6   El fracaso

Contesta las siguientes preguntas. Escribe oraciones completas.

1. ¿Hay algo que intentaste hacer alguna vez pero que no conseguiste hacer?

    _____

2. ¿Cuántos años tenías cuando ocurrió?

    _____

3. ¿Cómo te sentías al fracasar?

    _____

4. ¿Qué dijeron los demás?

    _____

5. ¿Qué hiciste para recuperarte de ese fracaso?

    _____

6. ¿Aprendiste algo de la experiencia?

    _____

Vamos al extranjero

OBJETIVOS

IN THIS LESSON, YOU WILL CONTINUE TO PRACTICE:

▶ talking about taking trips and traveling

▶ giving someone instructions using formal commands

▶ giving and receiving directions

▶ talking about restaurants and ordering food

▶ talking about what has happened using the present perfect

Vocabulario

Para hacer viajes

Travel Vocabulary

🎧 Actividad A   El transporte

Indica si cada oración que escuchas es cierta o falsa.

	CIERTO	FALSO
1.	☐	☐
2.	☐	☐
3.	☐	☐
4.	☐	☐
5.	☐	☐
6.	☐	☐
7.	☐	☐
8.	☐	☐

Actividad B   ¿En qué orden?

Indica en qué orden (del 1 al 7) sueles hacer los preparativos para un viaje en crucero (*cruise ship*).

_____ Paso por seguridad antes de abordar.

_____ Llego al puerto (*port*).

_____ Pido información en una agencia de viajes.

_____ Hago la reservación con tarjeta de crédito.

_____ Subo al barco.

_____ Hago la maleta.

_____ Busco mi cabina en el barco.

Actividad C   El alojamiento

Empareja cada palabra con la definición correspondiente.

1. _____ la habitación
2. _____ el servicio de cuarto
3. _____ la propina
4. _____ el hotel de lujo
5. _____ el botones
6. _____ alojarse/quedarse

a. lo que pide el huésped (*guest*) de un hotel cuando quiere comer en su habitación
b. el dinero que uno da por un buen servicio
c. el empleado de un hotel que lleva las maletas a las habitaciones
d. el lugar en donde duerme un huésped en un hotel
e. pasar una o más noches en un hotel
f. un hotel elegante que tiene piscina, servicio de cuarto, un restaurante excelente, gimnasio...

Go to page 45 to complete ¡Acción! 1.

Gramática

Vuelva Ud. mañana.   Affirmative Formal Commands

Actividad D   El primer viaje

Put the following commands that a travel agent might give a first-time traveler in logical order, from 1 to 8.

_____ Llegue al aeropuerto dos horas antes de la hora de despegue (*takeoff*).

_____ ¡Tenga un buen viaje!

_____ Compre su boleto de avión en la agencia de viajes.

_____ Espere en la sala de espera hasta que anuncien (*until they announce*) su vuelo.

_____ Pase por seguridad.

_____ Haga su maleta la noche antes de salir.

_____ Facture su equipaje con el maletero.

_____ Suba al avión.

Actividad E ¿Ud. o Uds.?

Listen to each situation and indicate the correct command. You will hear each situation twice.

MODELO: (*you hear*) Tus amigos quieren un boleto.
(*you see*) ☐ Búsquelo en el Internet.   ☐ Búsquenlo en el Internet.
(*you choose*) ☑ Búsquenlo en el Internet.

1. ☐ Hagan cola en el mostrador (*at the counter*).   ☐ Haga cola en el mostrador.

2. ☐ Páguele al agente de viajes.   ☐ Páguenle al agente de viajes.

3. ☐ Vayan a pasar por seguridad.   ☐ Vaya a pasar por seguridad.

4. ☐ Duerma durante el vuelo.   ☐ Duerman durante el vuelo.

5. ☐ Pasen por la aduana.   ☐ Pase por la aduana.

6. ☐ Facturen el equipaje.   ☐ Facture el equipaje.

7. ☐ Comience a subir al avión.   ☐ Comiencen a subir al avión.

8. ☐ Sea puntual.   ☐ Sean puntuales.

Actividad F Situaciones

Read each traveler's statement and match him or her with the corresponding piece of advice.

1. _____ No quiero llevar mucha ropa porque sólo voy por dos días.

2. _____ Quiero bañarme en un jacuzzi después del vuelo.

3. _____ Se me descompuso (*broke down*) el auto en la carretera (*highway*).

4. _____ Acabo de bajar del (*I just got off the*) avión en Francia y no sé qué hacer.

5. _____ Estoy en el avión y hay mucha turbulencia.

6. _____ Estoy en el hotel. Es medianoche y tengo hambre.

a. Llame a alguien con su teléfono celular.
b. Quédese en su asiento.
c. Pida servicio de cuarto.
d. Haga una sola maleta.
e. Quédese en un hotel de lujo.
f. Pase por la aduana.

Go to page 45 to complete ¡Acción! 2.

SEGUNDA PARTE ▮▮▮▮▮▮▮▮▮▮▮▮▮▮▮▮

Vocabulario

¿Cómo llego?   Giving and Receiving Directions

Actividad A   Direcciones

Selecciona la respuesta correcta.

1. Una cuadra es la distancia entre dos...

   a. calles   **b.** edificios

2. Un plano es un mapa de...

   a. un país   **b.** una ciudad

3. Lo que pregunta un turista en Los Ángeles que quiere saber la distancia que hay a San Francisco.

   a. ¿Cómo se llega a San Francisco?   **b.** ¿Cuánto hay de aquí a San Francisco?

4. Nueva York está al norte de...

   a. Miami   **b.** Seattle

5. Si caminas hacia el sur y doblas a la derecha, ahora vas hacia...

   a. el este   **b.** el oeste

6. Si caminas hacia el este y doblas a la izquierda, ahora vas hacia...

   a. el sur   **b.** el norte

Actividad B ¿Es lógico o no?

Escucha las oraciones e indica si cada una es lógica o no.

VOCABULARIO ÚTIL

dar la vuelta   to turn around

el semáforo   traffic light

	LÓGICO	ILÓGICO
1.	☐	☐
2.	☐	☐
3.	☐	☐
4.	☐	☐
5.	☐	☐

Actividad C ¿Cómo se llega?

Escucha las direcciones para llegar a un destino (*destination*) e indica el plano correspondiente. Comienza en la «X».

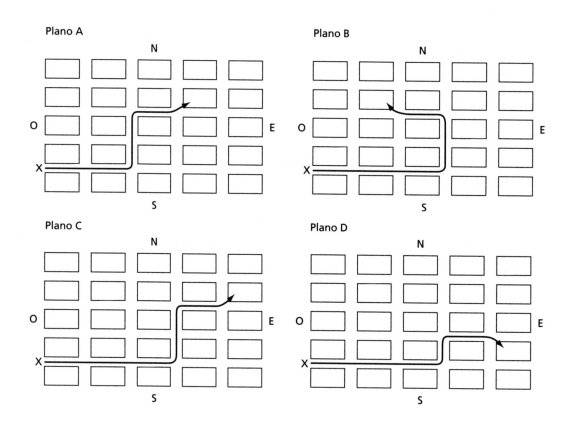

Plano A · Plano B · Plano C · Plano D

Go to page 45 to complete ¡Acción! 3.

Gramática

¡No vuelvan tarde!

Negative Formal Commands

Actividad D   ¿La maestra (*teacher*) o la madre?

Indicate whether the command you hear is more likely given to children by a teacher (**maestra**) or by their mother (**madre**).

VOCABULARIO ÚTIL

olvidarse de + *infin.*   to forget to (*do something*)

	MAESTRA	MADRE
1.	☐	☐
2.	☐	☐
3.	☐	☐
4.	☐	☐
5.	☐	☐
6.	☐	☐
7.	☐	☐

Actividad E   ¿Conductor o ciclista?

Read the list of instructions and indicate if they are directed to a cyclist (**ciclista**), a driver (**conductor**), or both (**los dos**).

		CICLISTA	CONDUCTOR	LOS DOS
1.	No se olvide de ponerse el casco (*helmet*).	☐	☐	☐
2.	No hable por teléfono celular mientras va a su destino.	☐	☐	☐
3.	No le abroche (*fasten*) el cinturón de seguridad (*seat belt*) a un niño menor de dos años. Siéntelo en un asiento de bebé.	☐	☐	☐
4.	No se suba a las aceras (*sidewalks*): son para los peatones (*pedestrians*).	☐	☐	☐
5.	No viaje por las carreteras.	☐	☐	☐
6.	No se meta en (*get in*) el carril (*lane*) para ciclistas.	☐	☐	☐

Actividad F   En la carretera

Match each situation with the corresponding piece of advice.

1. _____ una persona que va a una fiesta donde sirven muchas bebidas alcohólicas

2. _____ alguien que maneja (*drives*) cuando las calles están mojadas (*wet*)

3. _____ una persona que suele recibir multas (*fines*) porque maneja rápido

4. _____ alguien que tiene accidentes porque maneja distraído (*distracted*)

5. _____ una persona que va a hacer un viaje muy largo en auto

6. _____ una persona impaciente que maneja detrás de (*behind*) otro auto y hay mucho tráfico en el sentido contrario (*oncoming*)

a. No pase por alto (*ignore*) las señales (*signs*) que indican la velocidad máxima.
b. No lo rebase (*pass*).
c. No se olvide de revisar (*check*) el aceite (*oil*) y las llantas (*tires*).
d. No aplique los frenos (*brakes*) rápidamente.
e. No maneje si va a tomar cerveza.
f. No coma ni hable por teléfono mientras maneja.

 Go to page 46 to complete ¡Acción! 4.

TERCERA PARTE

Vocabulario

En el restaurante

Dining Out

Actividad A   ¿Sabes poner (*to set*) la mesa?

Indica si cada oración a continuación es cierta o falsa, según las normas para poner una mesa.

		CIERTO	FALSO
1.	La cuchara va a la izquierda del plato.	☐	☐
2.	El agua se sirve en una taza.	☐	☐
3.	El plato va sobre el tenedor.	☐	☐
4.	El vino se sirve en una copa.	☐	☐

		CIERTO	FALSO
5.	Los tenedores van debajo de la servilleta.	☐	☐
6.	El mantel (*tablecloth*) va encima del vaso.	☐	☐
7.	La leche se sirve en un vaso.	☐	☐
8.	El menú va entre los cubiertos.	☐	☐

Actividad B   Definiciones

Empareja cada palabra con la definición correspondiente.

1. _____ los cubiertos
2. _____ la servilleta
3. _____ el vaso
4. _____ el cocinero
5. _____ la copa
6. _____ el mesero
7. _____ el menú
8. _____ el cuchillo

a. la persona que prepara la comida en un restaurante
b. la persona que atiende a los clientes en un restaurante
c. la cuchara, el tenedor y el cuchillo en una servilleta
d. la lista de platos, postres y bebidas en un restaurante
e. este objeto se usa para tomar agua
f. el utensilio que se usa para cortar la comida
g. se usa para limpiarse la boca (*mouth*) y los dedos (*fingers*)
h. este objeto se usa para tomar vino

Actividad C   ¿Mesero o cliente?

Escucha cada afirmación o pregunta e indica si habla un mesero o un cliente.

	MESERO	CLIENTE
1.	☐	☐
2.	☐	☐
3.	☐	☐
4.	☐	☐
5.	☐	☐
6.	☐	☐
7.	☐	☐
8.	☐	☐

 Go to page 46 to complete ¡Acción! 5.

Gramática

¡Lo he pasado muy bien!
Introduction to the Present Perfect

Actividad D   ¿A quién describe?

Listen to each statement about a student in your Spanish class and indicate whether it describes a good student or a bad student.

	EL ESTUDIANTE BUENO	EL ESTUDIANTE MALO
1.	☐	☐
2.	☐	☐
3.	☐	☐
4.	☐	☐
5.	☐	☐
6.	☐	☐
7.	☐	☐
8.	☐	☐

Actividad E   ¿Qué han hecho?

Indicate the pair of famous people to whom each statement refers.

1. _____ Han escrito novelas importantes.
2. _____ Han sido presidentes de los Estados Unidos.
3. _____ Han hecho un viaje a la luna (*moon*).
4. _____ Han dirigido (*directed*) películas conocidas.
5. _____ Han jugado al basquetbol profesionalmente.
6. _____ Han hecho invenciones indispensables (*essential*).
7. _____ Han dirigido (*run*) compañías de computadoras exitosas (*successful*).

a. Neil Armstrong y Buzz Aldridge
b. Bill Gates y Steve Jobs
c. Ronald Reagan y John F. Kennedy
d. Michael Jordan y Shaquille O'Neil
e. Steven Spielberg y George Lucas
f. John Steinbeck y Ernest Hemingway
g. Thomas Edison y Alexander Graham Bell

Actividad F   ¿Qué ha pasado?

For each of the following statements, decide which country's citizens could make these claims.

1. Hemos ganado la Copa Mundial de fútbol.

   a. los canadienses   b. los japoneses   c. los brasileños

2. Hemos perdido mucho territorio y gran parte de nuestra cultura indígena.

   a. los ingleses   b. los rusos (*Russians*)   c. los indígenas de América

3. Hemos cruzado la frontera (*border*) hacia el norte para trabajar en los Estados Unidos.

    a. los mexicanos   **b.** los canadienses   **c.** los rusos

4. Hemos descubierto tierras lejanas (*faraway lands*), como el Nuevo Mundo.

    a. los aztecas   **b.** los españoles   **c.** los africanos

5. Hemos creado formas de gobierno, como la democracia.

    a. los italianos   **b.** los griegos   **c.** los alemanes

6. Hemos inventado varios explosivos, como los fuegos artificiales (*fireworks*).

    a. los chinos   **b.** los portugueses   **c.** los franceses

7. Hemos lanzado (*dropped*) una bomba atómica a otro país.

    a. los japoneses   **b.** los rusos   **c.** los estadounidenses

8. Hemos sido ciudadanos de un imperio.

    a. los costarricenses   **b.** los romanos   **c.** los guatemaltecos

Go to page 46 to complete ¡Acción! 6.

▲ ¡A escuchar!

Actividad A   En el mercado

Paso 1 Escucha la conversación entre don Paco y Lourdes en un mercado de la Ciudad de México. Llena los espacios en blanco con las palabras que oyes.

    PACO: ¡Estos sí que son jitomates! ¡Firmes y _____¹ _____² _____³!

          Así _____⁴ _____.⁵

    LOURDES: Como le dije: _____⁶ _____⁷ _____⁸ _____.⁹

    PACO: Déme _____¹⁰ _____,¹¹ por favor.

Paso 2 Escucha el segmento de nuevo. Indica si las siguientes oraciones son ciertas o falsas.

	CIERTO	FALSO
1. Lourdes dice que sus jitomates son los mejores del mercado.	☐	☐
2. Don Paco compra cuatro kilos.	☐	☐

Actividad B   La viña no está a la venta (*is not for sale*).

Paso 1   Escucha la conversación entre Jaime e Isabel sobre la venta de la viña. Luego, indica si las siguientes oraciones son ciertas o falsas.

	CIERTO	FALSO
1. Isabel está de acuerdo con Carlos en vender la viña.	☐	☐
2. Jaime trata de convencer a Isabel a firmar (*sign*) el contrato.	☐	☐

Paso 2   Escucha el segmento de nuevo. ¿Qué frases de la conversación expresan las siguientes ideas?

1. *Think about it carefully.* _____

2. *I've already told you.* _____

🎬 ¡Acción!

¡Acción! 1 ¿Conoces bien al profesor (a la profesora)?

Contesta las preguntas sobre tu profesor(a). Escribe oraciones completas.

> MODELO: ¿En qué clase suele viajar tu profesor(a) cuando viaja en avión? →
> La profesora suele viajar en primera clase.

1. ¿En qué tipo de hotel se queda tu profesor(a) cuando viaja?

   _____

2. ¿Qué tipo de bebida le pide tu profesor(a) al asistente de vuelo cuando viaja en avión?

   _____

3. ¿Qué clase de servicios pide tu profesor(a) cuando se queda en un hotel?

   _____

4. ¿Dónde compra su boleto de viaje tu profesor(a)?

   _____

5. ¿Se marea (*gets sick*) tu profesor(a) cuando viaja en barco o en camión?

   _____

6. ¿Qué hace tu profesor(a) para pasar el tiempo en el aeropuerto antes de subir al avión?

   _____

¡Acción! 2 Intercambio de consejos

Paso 1 Escribe tres mandatos para tu profesor(a) para ayudarlo/a (*help him/her*) a llevarse bien con los estudiantes.

1. _____
2. _____
3. _____

Paso 2 Ahora escribe tres mandatos que tu profesor(a) les podría (*could*) dar a los estudiantes para ser mejores estudiantes.

4. _____
5. _____
6. _____

¡Acción! 3 ¿Cómo se llega a tu casa?

En unas cincuenta palabras, escribe direcciones para tu profesor(a) para ir de la universidad a tu casa o de la clase a tu residencia estudiantil.

_____

_____

_____

_____

_____

_____

_____

¡Acción! 4   ¡No haga eso!

Escribe seis mandatos negativos para decirle a tu profesor(a) lo que *no* debe hacer cuando está en un embotellamiento (*traffic jam*).

1. _____

2. _____

3. _____

4. _____

5. _____

6. _____

¡Acción! 5   En un restaurante

Describe seis cosas que hace o no hace un mesero (una mesera) en un restaurante.

> MODELOS: Recibe propinas si da buen servicio.
> No lava los platos.

1. _____

2. _____

3. _____

4. _____

5. _____

6. _____

¡Acción! 6   El profesor (La profesora) y yo

Paso 1 Escribe tres oraciones sobre lo que has hecho en tu vida que tu profesor(a) probablemente no ha hecho.

> MODELO: He conocido a una persona famosa, pero el profesor no.

1. _____

2. _____

3. _____

Paso 2 Escribe tres oraciones sobre lo que tu profesor(a) ha hecho que tú no has hecho.

> MODELO: La profesora ha vivido en un país de habla española, pero yo no.

4. _____

5. _____

6. _____

La naturaleza y el medio ambiente

OBJETIVOS

IN THIS LESSON, YOU WILL CONTINUE TO PRACTICE:

▶ talking about geography and geographical features

▶ giving instructions to someone you address as **tú,** using informal commands

▶ talking about ecology and the environment

▶ talking about activities to do while on vacation

▶ talking about extremes using superlative expressions

Vocabulario

¿Cómo es el paisaje? Geography and Geographical Features

Actividad A   Definiciones

Empareja cada palabra con la definición correspondiente.

1. _____ el valle
2. _____ la colina
3. _____ el paisaje
4. _____ la costa
5. _____ la meseta
6. _____ la llanura
7. _____ el mar
8. _____ la cordillera

a. una montaña muy pequeña
b. un terreno extenso sin colinas o montañas
c. una llanura elevada
d. una vista panorámica de un sitio geográfico
e. un grupo de montañas
f. donde la tierra y el mar se encuentran
g. el espacio que queda entre dos montañas
h. un cuerpo (body) grande de agua

Actividad B   ¿Cuánto sabes de geografía?

Escucha las oraciones sobre la geografía del mundo e indica si cada una es cierta o falsa.

	CIERTO	FALSO
1.	☐	☐
2.	☐	☐
3.	☐	☐
4.	☐	☐
5.	☐	☐
6.	☐	☐
7.	☐	☐
8.	☐	☐

Actividad C   Asociaciones

Indica el nombre que mejor se asocia con cada palabra.

1. unas montañas

   a. la Sierra Nevada   **b.** el Pacífico   **c.** Casablanca

2. un lago

   a. Mohave   **b.** Caribe   **c.** Erie

3. un desierto

   a. la Pampa   **b.** Kalahari   **c.** Amazonas

4. un mar

   a. Victoria   **b.** Báltico   **c.** Atlántico

5. una playa

   a. Tahoe   **b.** Gobi   **c.** Waikiki

6. un río

   a. Missouri   **b.** Índico   **c.** Atacama

7. un volcán

   a. St. Helens   **b.** Pike's Peak   **c.** Mediterráneo

8. una catarata

   a. Niágara   **b.** Mississippi   **c.** Hudson

 Go to page 59 to complete ¡Acción! 1.

Gramática

¡Ten paciencia!   Affirmative Informal Commands

Actividad D   En la clase de español

Indicate the correct verb to complete each command.

1. _____ la lección antes de venir a clase.
2. _____ todos los episodios de *Sol y viento*.
3. _____ como voluntario/a para las actividades de la clase.
4. _____ sólo en español, no en inglés.
5. _____ la tarea todos los días (todas las semanas).
6. _____ un país hispano durante las vacaciones.

    a. Haz
    b. Ofrécete
    c. Habla
    d. Visita
    e. Lee
    f. Mira

Actividad E Situaciones

Read the following pieces of advice, then indicate for whom they are most appropriate.

1. Acuéstate más temprano.

    ☐ un amigo que tiene mucha tarea que hacer para mañana

    ☐ un estudiante que suele faltar a su primera clase porque se desvela (*he stays up late*)

2. Come más verduras y frutas.

    ☐ alguien que tiene alergia a las fresas y al bróculi

    ☐ una persona que quiere llevar una vida más sana (*healthy*)

3. ¡Ten cuidado! (*Be careful!*)

    ☐ alguien que quiere practicar el paracaidismo (*skydiving*)

    ☐ un amigo que quiere invitarte a cenar

4. Haz ejercicio todos los días.

    ☐ alguien que es adicto al trotar

    ☐ una persona que quiere bajar de peso (*to lose weight*)

5. ¡Déjame en paz!

    ☐ tu gato, que te despierta a las 5:00 de la mañana todos los sábados

    ☐ un amigo a quien echas de menos (*you miss*) cuando te llama

6. ¡Sal de esta casa!

    ☐ tu compañero/a de cuarto que quemó la cena y le prendió fuego (*set fire*) a la cocina

    ☐ un pariente que está enfermo y que debe guardar cama (*stay in bed*)

Actividad F ¿Mandato o no?

Listen as a student mentions several things a classmate should do to get a good grade on a Spanish exam. Indicate whether what you hear is a command or not.

MODELO: (*you hear*) Habla con el profesor durante las horas de oficina.
(*you mark*) Es mandato.

	ES MANDATO.	NO ES MANDATO.
1.	☐	☐
2.	☐	☐
3.	☐	☐
4.	☐	☐
5.	☐	☐

	ES MANDATO.	NO ES MANDATO.
6.	☐	☐
7.	☐	☐
8.	☐	☐

 Go to page 59 to complete **¡Acción! 2.**

SEGUNDA PARTE

Vocabulario

El medio ambiente   Environmental and Ecological Matters

Actividad A   Más definiciones

Escucha cada definición e indica la palabra o frase correspondiente.

VOCABULARIO ÚTIL

dañosos   harmful

tierra   land

1. a. la fábrica	**b.** el basurero	**c.** la escasez
2. a. contaminar	**b.** desperdiciar	**c.** echar
3. a. construir	**b.** proteger	**c.** reciclar
4. a. la contaminación	**b.** la deforestación	**c.** los recursos naturales
5. a. descomponer	**b.** salvar	**c.** construir
6. a. el medio ambiente	**b.** la naturaleza	**c.** el cambio climático

Actividad B   Causa y efecto

Empareja cada efecto con su causa más lógica.

LOS EFECTOS	LAS CAUSAS
1. _____ la contaminación del agua	**a.** el gran número de coches en circulación
2. _____ la escasez de combustibles fósiles	**b.** el desperdicio (*waste*) de papel
3. _____ la deforestación	**c.** la expansión de la urbanización a los campos
4. _____ la lluvia ácida	**d.** el uso de pesticidas en los cultivos (*crops*)
5. _____ las especies en peligro de extinción	**e.** el aumento (*increase*) de la población mundial
6. _____ la falta de recursos naturales	**f.** el alto nivel (*level*) de monóxido de carbono en el aire

Actividad C   Los alimentos biológicos (*organic*)

Lee el siguiente párrafo y llena los espacios en blanco con la palabra apropiada de la lista.

conservar	peligro de extinción
contaminan	pesticidas
deforestación	proteger
fertilizantes	se descomponen

Muchas personas han cambiado su dieta y ahora consumen más alimentos biológicos por dos razones principales. Primero, las granjas[a] biológicas no usan _____[1] para controlar los insectos y las hierbas.[b] Tampoco utilizan _____[2] ni otras sustancias químicas para nutrir las plantas. Muchas personas piensan que estos productos _____[3] no sólo el agua y la tierra,[c] sino que también hacen daño[d] al cuerpo humano. En contraste con las granjas tradicionales, en las granjas biológicas los granjeros[e] utilizan productos naturales como el abono,[f] que resulta cuando los elementos naturales _____[4] y se convierten en[g] tierra. En segundo lugar, muchas personas compran alimentos biológicos porque las granjas biológicas pueden ayudar a _____[5] el hábitat natural de los animales al no cortar los árboles. La falta de árboles contribuye a la _____,[6] lo cual hace mucho daño a los animales, sobre todo a las especies en _____.[7]

En fin, muchas personas compran alimentos biológicos porque es una manera de _____[8] y proteger el medio ambiente.

[a]*farms* [b]*weeds* [c]*soil* [d]hacen... *they cause harm* [e]*farmers* [f]*compost* [g]se... *become*

Go to page 59 to complete ¡Acción! 3.

Gramática

¡No me hables! Negative Informal Commands

Actividad D   ¿Qué conservas?

Listen to the following commands, then indicate if each command is appropriate for conserving paper, water, or neither.

	PAPEL	AGUA	NINGUNO DE LOS DOS
1.	☐	☐	☐
2.	☐	☐	☐
3.	☐	☐	☐
4.	☐	☐	☐
5.	☐	☐	☐
6.	☐	☐	☐
7.	☐	☐	☐
8.	☐	☐	☐

Actividad E   Los anuncios (*advertisements*)

Read each advertising slogan and indicate the corresponding company.

1. _____ No pierdas más el tiempo.

2. _____ No te frustres con el cabello enredado
   (*tangled hair*); ¡dale vida!

3. _____ No juegues con tu vida; ¡abróchate el cinturón de
   seguridad (*buckle up*)!

4. _____ No te conformes con ser como los demás; ¡expresa tu estilo!

5. _____ No te quedes atrás (*fall behind*) en los estudios.

6. _____ ¡No vayas de compras sin ella!

a. Gap
b. Ford
c. American Express
d. Timex
e. Kaplan
f. Suave

Actividad F   Una entrevista

Complete each sentence with the correct verb to create a series of instructions for a friend who is going to a job interview.

1. No _____ chicle (*gum*) durante la entrevista.

2. No _____ ropa informal o llamativa (*flashy*).

3. No _____ mal de tus jefes anteriores (*former bosses*).

4. No _____ mentiras en cuanto a tu experiencia.

5. No _____ de dominar la conversación.

6. No _____ de la oficina sin darles las gracias por la entrevista.

a. digas
b. hables
c. trates
d. mastiques (*chew*)
e. salgas
f. te pongas

 Go to page 60 to complete **¡Acción! 4.**

TERCERA PARTE

Vocabulario

De vacaciones

Activities to Do While on Vacation

Actividad A   ¿Qué actividad se hace aquí?

Indica la actividad que mejor se asocia con cada lugar.

1. el golfo de México

   a. practicar el paracaidismo   b. bucear   c. montar a caballo

2. la cordillera de los Andes

   a. charlar en un café   b. surfear   c. practicar el alpinismo de rocas

3. la playa de Waikiki

   a. remar en canoa   b. ver un espectáculo   c. tomar el sol

4. la ciudad de Chicago

   a. hacer kayak   b. ir de excursión   c. visitar un museo

5. el parque nacional de Yosemite

    a. navegar en un barco   **b.** hacer camping   **c.** degustar vinos

6. las montañas Rocosas

    a. esquiar   **b.** surfear   **c.** ir a un parque de diversiones

7. el Valle Napa

    a. ver un espectáculo   **b.** degustar vinos   **c.** bucear

Actividad B ¿Qué necesita uno?

Empareja cada actividad con el objeto correspondiente para formar oraciones lógicas.

Para...

1. _____ hacer rafting

2. _____ nadar

3. _____ navegar largas distancias
en un barco

4. _____ pescar

5. _____ acampar

6. _____ andar en bicicleta

7. _____ tomar el sol

uno necesita...

a. gusanos (*worms*).
b. un casco (*helmet*).
c. un saco de dormir (*sleeping bag*).
d. una crema protectora.
e. un chaleco salvavidas (*lifejacket*).
f. un traje de baño.
g. una brújula (*compass*).

Actividad C ¿Es peligroso (*dangerous*) o no?

Escucha cada actividad e indica si es peligroso hacerla o no.

	ES PELIGROSO.	NO ES PELIGROSO.
1.	☐	☐
2.	☐	☐
3.	☐	☐
4.	☐	☐
5.	☐	☐
6.	☐	☐
7.	☐	☐
8.	☐	☐

 Go to page 60 to complete ¡Acción! 5.

Gramática

Es el más guapo de todos.

Superlatives

 Actividad D   ¿Es lógico o no?

Listen to each statement and indicate whether it is logical or not.

	LÓGICO	ILÓGICO
1.	☐	☐
2.	☐	☐
3.	☐	☐
4.	☐	☐
5.	☐	☐
6.	☐	☐

Actividad E   Los Estados Unidos

How much do you know about the United States? Indicate the place that correctly completes each description.

1. _____ El edificio más alto es...

2. _____ El lago más grande es...

3. _____ El estado más pequeño es...

4. _____ La carretera (*highway*) menos larga es...

5. _____ El río más largo es...

6. _____ El estado menos poblado es...

7. _____ El parque nacional más visitado es...

a. Rhode Island.
b. Wyoming.
c. la torre Willis (anteriormente conocido como la torre Sears).
d. el Gran Cañón.
e. el Michigan.
f. el Missouri.
g. la US 71, en Texas.

 Go to pages 60–61 to complete ¡Acción! 6.

▲ ¡A escuchar!

 ## Actividad A   Tan bella como siempre

Paso 1   Escucha el segmento en que María habla con Paco en el aeropuerto. Luego, contesta las siguientes preguntas.

1. Parece que hace mucho tiempo que Paco no ha visto a María. ¿Qué dice Paco que da esa

   impresión? _____

2. En esta conversación, ¿cómo trata a (*addresses*) Paco María... de tú o de Ud.? _____

   _____

Paso 2 Escucha el segmento de nuevo. Basándote en el contexto, contesta las siguientes preguntas.

1. ¿Cómo se traduce **A ver** al inglés? _____

2. ¿Qué sería el equivalente de **Mis ojos no lo creen** en inglés? _____

_____

3. ¿Qué verbo en esta conversación equivale a *exaggerate*? _____

Actividad B   El vino de la casa

Paso 1   Escucha la conversación entre un mesero y dos clientes en el restaurante de don Paco en la Ciudad de México. Luego, llena los espacios en blanco con las palabras que oyes.

MESERO: El _____¹_____² _____³ _____:⁴ «Sol y viento».

CLIENTE 1:   Hmmm… ¿ _____⁵ _____⁶ _____⁷?

MESERO: De Chile. Es _____⁸ _____⁹ _____¹⁰ _____¹¹ los vinos importados.

CLIENTE 2:   Un vino chileno. ¡ _____¹² _____¹³!

Paso 2   Basándote en el contexto, contesta las siguientes preguntas.

1. ¿Cómo se dice **vino de la casa** en inglés? _____

2. ¿Qué frase de dos palabras significa *How interesting?* _____

✎ Para escribir

Antes de escribir

Paso 1   Para esta actividad, vas a describir los eventos más importantes que han ocurrido entre Jaime y María hasta el momento. Primero, describe cómo se sentían Jaime y María en cada situación a continuación.

MODELO: Jaime conoció a María. →
Jaime estaba cansado de correr, pero estaba muy feliz. María se sentía… porque…

LO QUE PASÓ ENTRE JAIME Y MARÍA	¿CÓMO SE SENTÍA(N) EN ESE MOMENTO?
1. Jaime se chocó con María en el parque.	1. _____ _____
2. Jaime vio a María cuando fue de compras en el mercado.	2. _____ _____
3. María y Jaime tomaron una copa de vino en el café al aire libre.	3. _____ _____
4. María tiró al suelo la figurita que Jaime le regaló.	4. _____ _____

A escribir

Paso 1 Usa los eventos del **Paso 1** para escribir un borrador en una hoja de papel aparte. Las palabras y expresiones a continuación pueden serte útiles.

a la vez	at the same time
además (de)	in addition (to)
después	afterwards
entonces	then
luego	then
más tarde	later
mientras	while
por lo tanto	therefore

Paso 2 Repasa bien lo que has escrito. ¿Quieres agregar oraciones para hacer la narración más interesante?

Paso 3 Intercambia tu composición con la de un compañero (una compañera) de clase. Mientras lees su composición, revisa los siguientes puntos.

☐ el significado y el sentido general

☐ la concordancia entre sustantivo y adjetivo

☐ la concordancia entre sujeto y verbo

☐ la ortografía

Al entregar la composición

Utilizando los comentarios de tu compañero/a de clase, escribe una versión final de tu composición. Revisa los siguientes puntos sobre el lenguaje y luego entrégale la composición a tu profesor(a).

☐ forma correcta del verbo en pretérito e imperfecto

☐ el uso correcto del pretérito y el imperfecto

🎬 ¡Acción!

¡Acción! 1   ¿Cómo es la geografía de... ?

Describe en unas cincuenta palabras la geografía del lugar donde vives o de otro lugar que conoces muy bien.

MODELO: La geografía de Oregón es muy variada. Hay muchos ríos...

_____

_____

_____

_____

_____

¡Acción! 2   ¿Qué debo hacer allí?

Piensa en una ciudad o un pueblo que conoces y usa mandatos informales para hacer una lista de seis cosas que un amigo (una amiga) debe hacer o ver allí.

MODELO: Ciudad: <u>Berkeley:</u> Come en el restaurante Chez Panisse.

CIUDAD: _____

1. _____

2. _____

3. _____

4. _____

5. _____

6. _____

¡Acción! 3   Un problema medioambiental

Indica el problema del medio ambiente que, en tu opinión, es el más importante. Luego, menciona seis de las cosas que uno puede hacer para aliviar el problema.

MODELO: Para aliviar el problema de <u>la deforestación</u>, uno puede...
1. usar menos servilletas de papel.
2. recibir las cuentas electrónicamente.
3. ...

Para aliviar el problema de _____, uno puede...

1. _____

2. _____

3. _____

4. _____

5. _____

6. _____

¡Acción! 4   ¡No hagas eso!

Escoge uno de los problemas de la lista y escribe mandatos informales negativos para explicarle a un amigo (una amiga) seis cosas que no debe hacer para evitarlo.

MODELO: la falta de recursos naturales → No dejes las luces prendidas.

- el desperdicio del agua
- los pesticidas en la fruta y la verdura
- la contaminación del aire
- la falta de recursos naturales

1. _____

2. _____

3. _____

4. _____

5. _____

6. _____

¡Acción! 5   Las actividades ideales

Completa las oraciones con las actividades ideales para cada persona a continuación.

MODELO: Tomar el sol y bucear son actividades ideales para una persona estresada (stressed out).

1. _____ y _____ son actividades ideales para una persona sociable.

2. _____ y _____ son actividades ideales para una persona perezosa (lazy).

3. _____ y _____ son actividades ideales para una persona intelectual.

4. _____ y _____ son actividades ideales para una persona arriesgada (daring).

5. _____ y _____ son actividades ideales para una persona fuerte.

6. _____ y _____ son actividades ideales para una persona solitaria.

¡Acción! 6   En tu ciudad o pueblo

Usa las frases a continuación para formar oraciones sobre tu ciudad o pueblo.

MODELO: la mejor pizzería → La mejor pizzería de Chicago es Giordano's.

1. el peor restaurante

_____

2. la atracción turística más interesante

_____

3. el hotel menos elegante

_____

4. la mejor tienda de ropa

_____

5. la comida más típica

_____

6. el mejor equipo deportivo

_____

¿Cómo te sientes?

OBJETIVOS

IN THIS LESSON, YOU WILL CONTINUE TO PRACTICE:

▶ talking about feelings and mental conditions

▶ using certain verbs to describe changes in emotion or mood

▶ describing parts of the body and health–related issues

▶ using the imperfect to talk about conditions in the past

▶ talking about a visit to the doctor's office

▶ using the verb **hacer** to express *ago* in a variety of contexts

Vocabulario

Estoy tenso.

Describing Emotions

Actividad A   Reacciones

Empareja cada una de las condiciones que escuchas con la situación más lógica. Vas a oír las condiciones dos veces.

1. **a.** Llora.   **b.** Canta.   **c.** Grita.

2. **a.** Tiene mucho dinero   **b.** Su novio llama a otra chica.   **c.** Lo toma todo a pecho.

3. **a.** Está de vacaciones.   **b.** Ganó la lotería.   **c.** Hizo algo inapropiado.

4. **a.** Tiene mucho trabajo.   **b.** Llora.   **c.** Lo toma todo a pecho.

5. **a.** Compró una casa.   **b.** Conoció al hombre perfecto.   **c.** Vendió su auto.

6. **a.** Tiene mucho trabajo.   **b.** Hizo algo inapropiado.   **c.** Toma una cerveza.

7. **a.** Hace mucho ejercicio.   **b.** Tiene muchas responsabilidades. **c.** Lee un artículo cómico.

8. **a.** Se ríe.   **b.** Grita.   **c.** Llora.

Actividad B   ¿Sinónimos o antónimos?

Indica la relación que existe entre cada par de adjetivos.

		SINÓNIMOS	ANTÓNIMOS	NO HAY RELACIÓN
1.	preocupado / relajado	☐	☐	☐
2.	furioso / enojado	☐	☐	☐
3.	alegre / contento	☐	☐	☐
4.	triste / alegre	☐	☐	☐
5.	celoso / cansado	☐	☐	☐
6.	avergonzado / tenso	☐	☐	☐
7.	irritado / frustrado	☐	☐	☐
8.	enamorado / confundido	☐	☐	☐

Actividad C ¿Cómo reaccionas?

Completa cada oración con la(s) palabra(s) correcta(s).

1. Si alguien te dice algo realmente cómico, tú probablemente...

   a. lloras.   **b.** te ríes.   **c.** lo tomas a pecho.

2. Muchos niños les tienen miedo a...

   a. sus amigos.   **b.** los gatos.   **c.** los perros grandes.

3. Si uno está alegre, es porque...

   a. le pasa algo malo.   **b.** le pasa algo bueno.   **c.** no le pasa nada.

4. Lo opuesto (*opposite*) de nervioso es...

   a. relajado.   **b.** enamorado.   **c.** furioso.

5. Si alguien dice que está avergonzado, probablemente...

   a. no comió esta mañana.   **b.** hizo algo inapropiado.   **c.** alguien lo/la ofendió.

Go to page 75 to complete ¡Acción! 1.

Gramática

¿Cómo se siente?   Pseudo-Reflexive Verbs

Actividad D ¿Cierto o falso?

Indicate whether each statement about the characters of *Sol y viento* is true or false, based on the episodes you have seen thus far.

	CIERTO	FALSO
1. María se enoja con Jaime porque lo vio con otra mujer.	☐	☐
2. María se alegra al ver a su tío Paco en el aeropuerto.	☐	☐
3. Don Paco se preocupa por doña Isabel y la viña.	☐	☐
4. María se ofende cuando Jaime le dice que no es una profesora típica.	☐	☐
5. Andy se irrita de los pretextos de Jaime.	☐	☐
6. Mario se confunde cuando ve a Jaime discutiendo con María.	☐	☐

Actividad E   ¿Cómo te pones?

Listen to each phrase, then indicate the correct sentence to complete it. You will hear the phrases twice.

1. ☐ ...me ofendo.

   ☐ ...me aburro.

2. ☐ ...¿te pones contento?

   ☐ ...¿te pones triste?

3. ☐ ...nos confundimos.

   ☐ ...nos aburrimos.

4. ☐ ...el profesor se irrita.

   ☐ ...el profesor se alegra.

5. ☐ ...se sienten frustrados los estudiantes.

   ☐ ...se sienten bien los estudiantes.

6. ☐ ...nos ponemos contentos.

   ☐ ...nos cansamos.

7. ☐ ...mi amigo se puso muy confundido.

   ☐ ...mi amigo se deprimió.

8. ☐ ...me sentí muy bien.

   ☐ ...me confundí.

Actividad F   ¿Cómo se siente?

Match each personality to the typical reaction.

Una persona...

1. _____ impaciente...

2. _____ que tiene mucho resentimiento...

3. _____ nerviosa...

4. _____ que toma todo a pecho...

5. _____ con una actitud positiva...

a. se enoja fácilmente.
b. se ofende fácilmente.
c. se siente contenta siempre.
d. se siente frustrada fácilmente.
e. se preocupa siempre.

Go to pages 75–76 to complete ¡Acción! 2.

SEGUNDA PARTE ▮▮▮▮▮▮▮▮▮▮▮▮▮▮

Vocabulario

Estoy un poco enfermo.   Parts of the Body and Physical Health

Actividad A   ¿Qué usan para hacerlo?

Escucha las oraciones e indica qué partes del cuerpo las personas usan. ¡OJO! En algunos casos hay más de una respuesta posible.

1. **a.** las manos   **b.** los pies   **c.** las piernas
2. **a.** el hombro   **b.** la boca   **c.** los dedos
3. **a.** las rodillas   **b.** la boca   **c.** la garganta
4. **a.** la espalda   **b.** los brazos   **c.** la cara
5. **a.** los pies   **b.** el codo   **c.** la cabeza
6. **a.** la espalda   **b.** los dedos del pie **c.** las manos

Actividad B   Asociaciones

Indica la actividad que se asocia con cada parte del cuerpo que oyes.

1. **a.** comer   **b.** correr   **c.** dormir   **d.** estudiar
2. **a.** leer   **b.** pescar   **c.** cantar   **d.** escuchar
3. **a.** escribir **b.** pensar   **c.** llorar   **d.** ver
4. **a.** recordar **b.** besar (*to kiss*) **c.** abrazar (*to hug*) **d.** reír
5. **a.** beber   **b.** caminar   **c.** oír   **d.** hablar
6. **a.** dormir   **b.** sonreír (*to smile*) **c.** mirar   **d.** aprender

Actividad C Descripciones

Empareja cada prenda de ropa con la descripción que le corresponde.

1. _____ los pantalones
2. _____ el sombrero
3. _____ la blusa
4. _____ los guantes
5. _____ los zapatos

a. Protege la cabeza del sol.
b. Protegen las manos del frío.
c. Cubren las piernas.
d. Cubre el pecho, la espalda y los hombros.
e. Se llevan en los pies.

Actividad D Las enfermedades (*Illnesses*)

Indica la palabra que mejor completa cada oración.

1. Si uno tiene un resfriado, es típico tener... tapada.

   ☐ la nariz   ☐ la boca

2. Uno hace gárgaras para...

   ☐ el hombro.   ☐ la garganta.

3. Si tienes fiebre, debes...

   ☐ tomar aspirina.   ☐ afeitarte.

4. Si te rompiste la pierna, debes...

   ☐ usar muletas (*crutches*).   ☐ tener gripe.

5. No debes levantar cosas grandes si...

   ☐ te lastimas el brazo.   ☐ te lastimas la espalda.

6. Si tienes la gripe, muchas veces...

   ☐ te rompes el brazo.   ☐ tienes tos.

7. Cuando te rompes un brazo, debes usar...

   ☐ una rodilla.   ☐ yeso (*cast*).

8. Si tienes mala circulación, siempre tienes... fríos.

   ☐ los dedos   ☐ los codos

 Go to page 76 to complete ¡Acción! 3.

Gramática

Estaban contentos, ¿no?   Review of the Imperfect

Actividad E   Una historia

Select from the list of verbs to complete the following story correctly and logically.

era	podía
estaba	tenía
había	veía

Una vez mi amigo se rompió una pierna. _____¹ de vacaciones en Colorado con

su familia y _____² un día perfecto para esquiar. El día anterior nevó mucho, así

que _____³ mucha nieve y mi amigo _____⁴ muchas ganas de salir a esquiar.

Al salir del hotel, mi amigo no _____⁵ lo que hacía. Se cayóª y se rompió la pierna

en la entradaᵇ del hotel. Lo llevaron al hospital y no estaba nada contento. Volvió de las

vacaciones con una pierna rotaᶜ y ni siquieraᵈ _____⁶ decirles a sus amigos que tuvo

un accidente de esquí.

ªSe... *He fell* ᵇ*entrance* ᶜ*broken* ᵈni... *not even*

Actividad F   Juanita en la universidad

Listen to the conversation between Juanita and Ramón about Juanita's first day at the university. Then indicate whether the following statements are **probable, improbable,** or **no se sabe.** You can listen to the conversation more than once if you like.

Juanita...	PROBABLE	IMPROBABLE	NO SE SABE.
1. no se sentía muy cómoda.	☐	☐	☐
2. no sabía qué esperar (*to expect*).	☐	☐	☐
3. tenía varios amigos que la podían ayudar.	☐	☐	☐
4. no echaba de menos (*didn't miss*) a su familia.	☐	☐	☐
5. era muy buena estudiante.	☐	☐	☐

   Go to page 76 to complete **¡Acción! 4.**

Vocabulario

Me duele la garganta.

In the Doctor's Office

Actividad A   ¿Cierto o falso?

Indica si las siguientes oraciones son ciertas o falsas.

		CIERTO	FALSO
1.	Los rayos X se usan para sacar fotos del interior del cuerpo.	☐	☐
2.	El corazón es el órgano principal de la digestión.	☐	☐
3.	Tomar demasiado alcohol puede dañar (*damage*) el hígado.	☐	☐
4.	El estómago es responsable de la respiración.	☐	☐
5.	La enfermera es una persona que ayuda al médico.	☐	☐
6.	Los pulmones son responsables de la circulación de la sangre por el cuerpo.	☐	☐
7.	Una pastilla es una medicina que se toma por inyección.	☐	☐
8.	Para obtener una medicina, el paciente debe llevar la receta al farmacéutico.	☐	☐

Actividad B   Preguntas

Indica la mejor respuesta para cada pregunta.

1. ¿Por qué le toma la temperatura a un paciente la enfermera?

   ☐ Porque necesita ver si tiene fiebre o no.

   ☐ Porque necesita ver si tiene dificultades en respirar.

2. ¿Cuántos pulmones tiene una persona normal y de buena salud?

   ☐ Tiene uno, no más.

   ☐ Tiene dos.

3. ¿Qué información debes darle a tu médico?

   ☐ Si hay una farmacia cerca de tu casa.

   ☐ Si tienes alergias.

4. En un examen médico, ¿qué hacen siempre?

   ☐ Siempre toman la presión de la sangre.

   ☐ Siempre sacan rayos X.

5. ¿Qué hacen para ver si uno tiene alto el colesterol?

    ☐ Le examinan los órganos internos.

    ☐ Le sacan sangre.

6. Si el enfermero escribe «155 libras (*pounds*)» en sus apuntes; ¿qué hizo?

    ☐ Te dio una inyección.

    ☐ Te pesó (*weighed*).

Actividad C ¿Quién lo dice?

Escucha cada una de las oraciones e indica quién lo dice: un médico o un paciente.

	MÉDICO	PACIENTE
1.	☐	☐
2.	☐	☐
3.	☐	☐
4.	☐	☐
5.	☐	☐
6.	☐	☐
7.	☐	☐
8.	☐	☐

Go to page 77 to complete ¡Acción! 5.

Gramática

Hace dos años que se me rompió el brazo.

Hacer in Expressions of Time

Actividad D ¿Cuánto tiempo?

Indicate the correct verb form to complete each statement.

1. Soy estudiante. Hace más de dos años que _____ en la universidad.

    a. estudio   **b.** estudié   **c.** estudiaba

2. _____ hace una semana, pero me recuperé pronto.

    a. Me enfermo   **b.** Me enfermé   **c.** Me enfermaba

3. Hacía dos semanas que me _____ recuperado cuando me enfermé de nuevo.

    a. estoy   **b.** estuve   **c.** estaba

(continued)

4. _____ un examen médico hace un año.

   a. Tengo **b.** Tuve **c.** Tenía

5. Hace mucho tiempo que no _____ medicinas.

   a. tomo **b.** tomé **c.** tomaba

6. Hace dos días que me _____ una inyección, pero todavía estoy enferma.

   a. ponen **b.** pusieron **c.** ponían

7. Hacía tres años que _____ del cáncer cuando murió.

   a. padece **b.** padeció **c.** padecía

8. _____ a esa farmacia desde hace veinticinco años. Es tradicional, pero es buena.

   a. Vamos **b.** Fuimos **c.** Íbamos

Actividad E   ¿Cuándo?

Listen to each account, in which you will hear the current time and when something happened. Then you will hear a question. Indicate the correct response, based on the information you are given. You will hear each account twice.

1. _____ **a.** julio   **b.** marzo   **c.** febrero

2. _____ **a.** 2006   **b.** 2009   **c.** 2007

3. _____ **a.** el domingo   **b.** el sábado   **c.** el viernes

4. _____ **a.** julio   **b.** noviembre   **c.** junio

5. _____ **a.** el lunes   **b.** el martes   **c.** el jueves

6. _____ **a.** a las 10:00   **b.** a las 8:00   **c.** a las 12:00

 Go to page 77 to complete **¡Acción! 6.**

▲ ¡A escuchar!

Actividad A   Uds. se veían muy contentos.

Paso 1 Escucha la conversación entre Mario y Jaime. Luego, contesta las siguientes preguntas.

1. ¿Qué expresión capta mejor la reacción de Mario ante la discusión entre Jaime y María?

   a. Se preocupa. **b.** Se confunde. **c.** Se alegra.

2. ¿Qué expresión capta mejor la reacción de Jaime ante las preguntas de Mario?

   a. Se ofende. **b.** Se deprime. **c.** Se irrita.

Paso 2 Escucha el segmento de nuevo y apunta las palabras que oyes.

MARIO: Don Jaime, no entiendo. Esa señorita que _____¹_____² con Ud.,

María, es la misma que yo _____³ con Ud. el otro día, ¿no es cierto?

JAIME: Sí, es cierto.

MARIO: Y Uds. _____⁴_____⁵ muy contentos.

JAIME: Así _____⁶ yo.

MARIO: ¿Y? ¿Por qué se enojó con Ud.? ¿Lo _____⁷ con otra mujer?

JAIME: Mario, calla y maneja.

Actividad B   Una represa (*dam*)

Paso 1 Escucha lo que Paco e Isabel le dicen a Jaime sobre los planes que su compañía tiene para el Valle del Maipo y llena los espacios con las palabras que oyes.

PACO: _____¹_____² que su compañía quiere construir una represa en esta

zona. ¿Comprende Ud. el daño que eso causaría por estas tierras?

ISABEL: Mi amigo Paco _____³_____⁴ haciendo averiguaciones.ª _____⁵

_____⁶ cosas muy interesantes con respecto a su compañía.

PACO: La magia del Internet y unas llamadas por teléfono. Pero obviamente a su compañía

no _____⁷_____⁸ mucho el daño a la ecología... ni a la comunidad

humana que habita estas tierras. ¡Lo que hicieron en Bolivia _____⁹

_____¹⁰_____¹¹ no tiene perdón!

ª*inquiries*

Paso 2 Contesta las siguientes preguntas.

1. ¿Quién hizo averiguaciones sobre la compañía de Jaime? _____

2. ¿Cómo encontró la información sobre su compañía? _____

3. Según Paco, una represa causaría mucho daño a dos cosas. ¿Qué son? _____

4. ¿Dónde construyó Bartel AquaPower otra represa? _____

🎬 ¡Acción!

¡Acción! 1   ¿Te controlas bien?

Contesta las siguientes preguntas con oraciones completas.

1. ¿Estás enojado/a o irritado/a con frecuencia?

   _____

2. ¿Estás preocupado/a con frecuencia?

   _____

3. ¿Te molesta algo o alguien con frecuencia?

   _____

4. ¿Estás contento/a la mayoría (*majority*) del tiempo?

   _____

5. ¿Te ríes mucho?

   _____

6. ¿Tomas las cosas muy a pecho fácilmente?

   _____

Basándote en tus respuestas, ¿sueles estar de buen humor (*mood*) o de mal humor? Explica.

☐ Suelo estar de buen humor.

☐ Suelo estar de mal humor.

_____

_____

_____

_____

¡Acción! 2   ¿Cuándo te ofendes?

Contesta las preguntas, según tu experiencia. Escribe oraciones completas.

1. ¿Cuándo te pones furioso/a?

   _____

2. ¿Cuándo te ofendes?

   _____

3. ¿Cuándo te sientes mal?

   _____

(continued)

4. ¿Cuándo te aburres?

_____

5. ¿Cuándo te preocupas?

_____

¡Acción! 3   Una prueba

¡Te toca a ti! Vas a escribir una prueba para tu profesor(a). Primero escribe cinco declaraciones incompletas usando el vocabulario de esta sección. Luego, escribe dos posibles respuestas para completar la declaración, una correcta y otra incorrecta. Puedes usar la **Actividad C** de esta sección como modelo, pero no debes copiar las declaraciones de esa actividad.

1. _____

   a. _____   **b.** _____

2. _____

   a. _____   **b.** _____

3. _____

   a. _____   **b.** _____

4. _____

   a. _____   **b.** _____

5. _____

   a. _____   **b.** _____

¡Acción! 4   La última vez que estabas enfermo/a

Piensa en la última vez que estabas enfermo/a o que tenías algún problema físico. ¿Cómo te sentías? ¿Quién te cuidaba (_took care_) o te ayudaba? ¿Qué tipo de día era? ¿Qué tenías que hacer? ¿Cómo te sentías? ¿Qué medicinas tomabas? Describe la experiencia en unas veinticinco a cincuenta palabras.

_____

_____

_____

_____

_____

_____

_____

¡Acción! 5   Una visita al consultorio del médico

Imagina que alguien va al consultorio del médico porque tiene dolores de estómago. Escribe un posible intercambio entre el médico (la médica) y el/la paciente.

MÉDICO/A: ¡Hola!

PACIENTE: ¡Hola, doctor(a)!

MÉDICO/A: ¿Cuál es el motivo de su visita hoy?

PACIENTE: _____

MÉDICO/A: _____

PACIENTE: _____

MÉDICO/A: _____

PACIENTE: _____

¡Acción! 6   Hace dos horas que...

Contesta las siguientes preguntas con oraciones completas.

1. ¿Cuánto tiempo hace que estuviste en tu clase de español?

_____

2. ¿Cuánto tiempo hace que oíste un buen chiste (*joke*)?

_____

3. ¿Cuánto tiempo hace que te graduaste de la escuela secundaria?

_____

4. ¿Cuánto tiempo hace que tuviste una conversación seria con alguien?

_____

5. ¿Cuánto tiempo hace que realmente lo pasaste bien?

_____

Los demás y yo

OBJETIVOS

IN THIS LESSON, YOU WILL CONTINUE TO PRACTICE:

▶ expressing your feelings toward others

▶ talking about what people do to and for each other using **nos** and **se**

▶ talking about how people act in relationships

▶ talking about your wishes and desires using the subjunctive mood

▶ talking about positive and negative aspects of relationships

▶ talking about contingencies and conditions using the subjunctive with conjunctions

Vocabulario

Te tengo mucho cariño.

Feelings

Actividad A   Asociaciones

Indica la(s) palabra(s) correcta(s) para completar cada oración.

1. Una madre _____ a su bebé recién nacido.

   a. le cae mal
   b. adora
   c. tiene celos

2. Una persona _____ a su pareja (*partner*) cuando está lejos.

   a. extraña
   b. no aguanta
   c. abraza

3. Alguien a quien le molesta la buena suerte (*luck*) de otra persona _____.

   a. la ama
   b. la estima
   c. le tiene envidia

4. Se nos enseña que debemos _____ a los ancianos (*the elderly*).

   a. respetar
   b. despreciar
   c. odiar

5. Si una persona es muy agresiva, puede _____ a otras personas.

   a. tenerles respeto
   b. caerles mal
   c. besar

6. Solemos _____ a una persona honrada (*honorable*) y simpática.

   a. no aguantar
   b. detestar
   c. estimar

Actividad B   ¿Positivo o negativo?

Indica si los sentimientos que una estudiante expresa hacia su compañera de cuarto son positivos o negativos.

	POSITIVO	NEGATIVO
1.	☐	☐
2.	☐	☐
3.	☐	☐
4.	☐	☐
5.	☐	☐
6.	☐	☐
7.	☐	☐
8.	☐	☐

Actividad C   Las emociones de Claudia

Escucha las oraciones sobre Claudia e indica la frase que mejor capta lo que siente en cada circunstancia.

VOCABULARIO ÚTIL

cuelga   hangs up (*the phone*)

1. _____   **a.** Está enamorada.
                  b. Está triste.
2. _____   **c.** Está enojada.
                  d. Está avergonzada.
3. _____   **e.** Está confundida.
                  f. Está celosa.
4. _____

5. _____

6. _____

Go to page 91 to complete ¡Acción! 1.

Gramática

Se conocen bien.   Reciprocal Reflexives

Actividad D   Buenos amigos

Read the following statements and indicate whether or not they are true (**cierto**) or false (**falso**).

Los buenos amigos…	CIERTO	FALSO
1. se llaman por teléfono.	☐	☐
2. se tienen envidia.	☐	☐
3. se gritan (*shout at each other*) todo el tiempo.	☐	☐
4. se saludan cuando se ven.	☐	☐
5. se tratan con respeto.	☐	☐
6. se mienten.	☐	☐
7. se ayudan.	☐	☐
8. se odian.	☐	☐

Actividad E ¿Socios o amigos?

Indicate whether you think the following would be said by two business partners (**socios**), two friends (**amigos**), or both (**ambos**).

		SOCIOS	AMIGOS	AMBOS
1.	Nos reunimos para hablar de la fecha límite (*deadline*) para terminar el proyecto (*project*).	☐	☐	☐
2.	Nos llamamos por teléfono.	☐	☐	☐
3.	Nos damos la mano.	☐	☐	☐
4.	Nos abrazamos cuando nos vemos.	☐	☐	☐
5.	No nos vemos mucho fuera del trabajo.	☐	☐	☐
6.	Nos admiramos.	☐	☐	☐
7.	Nos extrañamos cuando no estamos juntos.	☐	☐	☐
8.	Nunca nos vemos los fines de semana.	☐	☐	☐

Actividad F ¿Recíproco o reflexivo?

Indicate whether each statement that you hear describes what people do to each other (**recíproco**) or to themselves (**reflexivo**).

	RECÍPROCO	REFLEXIVO
1.	☐	☐
2.	☐	☐
3.	☐	☐
4.	☐	☐
5.	☐	☐
6.	☐	☐
7.	☐	☐
8.	☐	☐

Go to page •• to complete ¡Acción! 2.

Nombre ______________________ Fecha ______________ Clase ______________

SEGUNDA PARTE

Vocabulario

Eres muy romántico. — Describing People

Actividad A Definiciones

Empareja cada una de las definiciones con la palabra correspondiente.

1. _____ Se dice de alguien a quien le gusta dar órdenes (*commands*).
2. _____ Se refiere a alguien que tiene una opinión elevada de sí mismo.
3. _____ Describe a alguien que actúa según sus impulsos naturales.
4. _____ Si uno no tiene vergüenza, es esto.
5. _____ Se dice de alguien que llora con facilidad.
6. _____ Es una persona que presta (*pays*) atención a las cosas pequeñas.
7. _____ Se dice de la persona que comparte lo que tiene con los demás.
8. _____ Se dice de la persona que insiste en dar consejos a los demás y explicarles cómo resolver sus problemas.

a. detallista
b. sensible
c. descarado
d. entrometido
e. orgulloso
f. mandón
g. generoso
h. espontáneo

Actividad B Descripciones

Empareja las frases para formar descripciones.

1. _____ Una persona coqueta…
2. _____ Una persona encantadora…
3. _____ Una persona engañadora…
4. _____ Una persona resuelta…
5. _____ Un amigo fiel…
6. _____ Una persona cabezona…
7. _____ Una persona vana…
8. _____ Una persona vengativa…

a. es muy calmada y cae bien.
b. no cambia de opinión fácilmente.
c. sonríe y le hace guiños (*winks*) a la persona que le interesa.
d. toma satisfacción de un agravio (*offense*) recibido.
e. está a tu lado cuando lo necesitas.
f. sabe lo que quiere.
g. no dice siempre la verdad.
h. se preocupa mucho por su apariencia física.

Actividad C ¿Es lógico o no?

Indica si cada una de las oraciones que escuchas es lógica o no.

	LÓGICO	ILÓGICO
1.	☐	☐
2.	☐	☐
3.	☐	☐
4.	☐	☐
5.	☐	☐
6.	☐	☐
7.	☐	☐

Go to page 91 to complete ¡Acción! 3.

Gramática

Espero que sea divertido.   Introduction to the Subjunctive

Actividad D ¿Quién lo dijo?

Indicate whether the following statements are most likely said by a child (**niño**), a movie star (**estrella de cine**), or both (**ambos**).

		NIÑO	ESTRELLA DE CINE	AMBOS
1.	Espero que Papá Noel (*Santa Claus*) me dé muchos regalos.	☐	☐	☐
2.	Espero que nadie me reconozca en público.	☐	☐	☐
3.	Ojalá que me dejen salir a jugar con mis amigos.	☐	☐	☐
4.	Espero que recuerden mi cumpleaños.	☐	☐	☐
5.	Espero que la crítica sea favorable.	☐	☐	☐
6.	Ojalá que yo les caiga bien a todos.	☐	☐	☐

Actividad E   Opciones

Complete each sentence with the most logical verb phrase.

1. Este fin de semana tenemos un pícnic y esperamos que no _____.

   ☐ haga sol.   ☐ llueva

2. Ojalá que el profesor _____ a clase. No estudié para el examen.

   ☐ falte   ☐ vaya

3. Ojalá que _____ ir de vacaciones a México este verano.

   ☐ queramos   ☐ podamos

4. Espero que mi compañero de cuarto _____ casa porque no tengo la llave (*key*).

   ☐ salga de   ☐ esté en

5. Espero que mi vecino _____ una fiesta el sábado.

   ☐ dé   ☐ pierda

6. Ojalá que _____ bien a mi profesor.

   ☐ le caiga   ☐ quiera

7. Espero que no _____ durante el discurso (*lecture*).

   ☐ me adore   ☐ me hable

8. Ojalá que mi familia _____ a mi novio.

   ☐ estime   ☐ desprecie

Actividad F   ¿Quién lo diría?

Listen to each statement and indicate the character from *Sol y viento* who would most likely say it.

1. _____   **a.** Jaime

2. _____   **b.** María

3. _____   **c.** Carlos

4. _____   **d.** Mario

5. _____   **e.** doña Isabel

6. _____   **f.** don Paco

7. _____   **g.** Traimaqueo

8. _____   **h.** Andy

Go to page 92 to complete ¡Acción! 4.

Vocabulario

¡Me engañó!

More on Relationships

Actividad A   En las películas románticas

Completa el párrafo a continuación con las expresiones correctas entre paréntesis.

La trama[a] de una película romántica típica de Hollywood suele seguir un orden predecible.[b] Primero, dos personas (**se casan** / **se conocen**)[1] en un lugar público como un café, bar o restaurante. Empiezan a charlar y coquetear[c] y luego salen juntos. Después de un tiempo relativamente corto, los dos empiezan a sentir una fuerte atracción mutua y (**se pelean** / **se enamoran**).[2] Los sentimientos crecen[d] rápidamente y en muchos casos las personas (**se casan** / **rompen**)[3] en una ceremonia grande. Después de vivir algunos años en matrimonio, la pareja pasa por varios problemas. A veces los problemas llegan a tal[e] punto que las personas (**comienzan** / **terminan**)[4] sus relaciones. Si logran[f] reconciliar sus diferencias, los dos (**se perdonan** / **se guardan rencor**)[5] y viven felices por muchos años más. Pero si nunca hacen las paces, (**se arrepienten** / **se divorcian**).[6]

[a]*plot* [b]*predictable* [c]*flirt* [d]*grow* [e]*a… to such a* [f]*they manage*

Actividad B   ¿Qué se dice?

Indica la palabra o frase correcta para completar cada una de las oraciones a continuación.

1. Cuando dos personas que se pelean resuelven sus problemas se dice que…

   a. hacen las paces.   **b.** están enamoradas.   **c.** se traicionan.

2. Cuando los esposos terminan sus relaciones en forma legal se dice que…

   a. discuten.   **b.** se gritan.   **c.** se divorcian.

3. Dos personas que se llevan bien sin tener relaciones románticas tienen…

   a. una boda.   **b.** una amistad.   **c.** un noviazgo.

4. Cuando una persona lastima a otra y luego se siente mal decimos que…

   a. perdona.   **b.** se arrepiente.   **c.** se compromete.

5. Cuando una persona no dice la verdad decimos que…

   a. seduce.   **b.** castiga.   **c.** miente.

6. Cuando una persona no perdona por años las ofensas de otra decimos que…

   a. guarda rencor.   **b.** oculta secretos.   **c.** engaña.

Actividad C   Las relaciones

Indica si cada una de las situaciones que escuchas describe relaciones buenas o malas.

	BUENAS	MALAS
1.	☐	☐
2.	☐	☐
3.	☐	☐
4.	☐	☐
5.	☐	☐
6.	☐	☐
7.	☐	☐
8.	☐	☐

Go to page 92 to complete **¡Acción! 5.**

Gramática

A menos que no quieras...   Obligatory Subjunctive

Actividad D   Para tener buenas relaciones

Indicate the correct phrase to complete each piece of advice about maintaining a good relationship.

1. _____ Puedes ocultar algunos secretos con tal de que…

2. _____ Debes comunicar tus sentimientos con tranquilidad después de que…

3. _____ A veces tienes que respetar y aceptar las diferencias para que…

4. _____ Es bueno ser atento/a en caso de que…

5. _____ No debes salir con una persona cabezona a menos que…

6. _____ No debes comprometerte con él/ella sin que…

a. seas muy paciente y flexible.
b. lo hagas para proteger o sorprenderlo/la.
c. tu amigo/a te necesite pero no sabe pedirte ayuda.
d. Uds. se peleen.
e. pasen suficiente tiempo juntos para conocerse bien.
f. Uds. se lleven bien.

Actividad E   ¿En caso de qué?

Indicate the correct verb form to complete each sentence.

1. Estudiamos en la biblioteca a menos que _____ cerrada.

   a. está   **b.** esté

2. Miro las telenovelas (*soap operas*) porque me _____.

   a. divierten   **b.** diviertan

3. Estudio español para que _____ comunicarme con mis amigos hispanos.

   a. puedo   **b.** pueda

4. Quiero irme antes de que _____ demasiado tarde.

   a. es   **b.** sea

5. Limpio la casa sin que nadie me lo _____.

   a. pide   **b.** pida

6. Tenemos dinero en el banco porque lo _____.

   a. necesitamos   **b.** necesitemos

7. Voy a acompañarte con tal de que _____ antes de las 10:00.

   a. volvemos   **b.** volvamos

Actividad F   Situaciones

You will hear the first part of a sentence. Indicate which phrase best completes each sentence. You will hear the beginning of each sentence twice.

1. ☐ ...reciba un aumento de sueldo (*raise*).

   ☐ ...recibir un aumento de sueldo.

2. ☐ ...haga ejercicio en el gimnasio.

   ☐ ...hacer ejercicio en el gimnasio.

3. ☐ ...perdonarme el malentendido (*misunderstanding*).

   ☐ ...me perdone el malentendido.

4. ☐ ...ofrecerse los cursos necesarios.

   ☐ ...se ofrezcan los cursos necesarios.

5. ☐ ...haya otra solución al problema.

   ☐ ...haber otra solución al problema.

6. ☐ ...saber los niños.

   ☐ ...sepan los niños.

Go to page 93 to complete ¡Acción! 6.

¡A escuchar!

Actividad A ¿Estamos lejos?

Paso 1 Escucha la conversación entre Jaime y Mario. Luego, indica si las siguientes oraciones son ciertas o falsas.

1. ¿A cuánto tiempo están Jaime y Mario de la viña en automóvil? ¿Y a pie?

2. ¿En cuántos minutos se puede llegar a la viña si se atraviesa (*one goes through*) el campo (*field*)?

Paso 2 Escucha la conversación de nuevo. Basándote en el contexto, contesta las siguientes preguntas.

1. ¿Cómo se traduce **a pie** al inglés?

2. ¿Qué expresión en inglés equivale a **tomar un atajo**?

Actividad B ¡Es durísima (*very tough*)!

Paso 1 Escucha la continuación de la conversación entre Paco, Isabel y Jaime sobre la compañía de Jaime. Llena los espacios en blanco con las palabras que oyes.

JAIME: He cometido un grave error. _____ 1 _____ 2 _____ 3

_____ 4 para ayudarles a Uds. y _____ 5 _____ 6

su hija _____ 7 _____ 8.

ISABEL: ¿María Teresa _____ 9? ¡Huy! ¡Es durísima! Va a ser muy difícil...

_____ 10 _____ 11 _____ 12 Ud., don Jaime, _____ 13

_____ 14 perdón.

Paso 2 Indica si las siguientes oraciones son ciertas o falsas.

	CIERTO	FALSO
1. Jaime sigue tratando de finalizar el negocio con los Sánchez.	☐	☐
2. Isabel no le ofrece a Jaime ninguna esperanza (*hope*) de que María lo perdone.	☐	☐

 # Para escribir

Antes de escribir

Paso 1 Hasta ahora se sabe muy poco del pasado de Carlos Sánchez. En esta actividad, vas a inventar una breve historia en la que describes el pasado de Carlos. Para comenzar, contesta las preguntas a continuación. No hay respuestas correctas; son tus opiniones.

1. ¿Cuántos años tenía Carlos cuando murió su papá? ¿Qué hacía Carlos en esa época? ¿Trabajaba? ¿Estudiaba? ¿Vivía en la viña?

2. Siendo el único hijo, ¿qué responsabilidades en cuanto a la familia y el manejo (*managing*) de la viña le tocaban al morir (*upon dying*) su padre?

3. ¿Quería Carlos encargarse de (*to take charge of*) la viña? Si dices que sí, explica por qué era importante para él asumir este puesto (*position*). Si dices que no, ¿qué quería hacer con su vida? ¿Quería casarse? ¿tener hijos? ¿seguir otra profesión?

(*Continued*)

4. ¿Se llevaban bien de adolescentes Carlos y María? ¿Cómo reaccionó Carlos cuando María decidió trabajar en otro campo (*field*) que no fuera (*wasn't*) la viña?

5. Explica cómo eran las relaciones entre Carlos y don Paco tras (*after*) la muerte del padre de Carlos. ¿Lo trataba don Paco como si fuera (*he were*) su propio hijo? ¿Lo ayudaba en los asuntos de la viña? ¿Crees que Carlos respetaba a don Paco o que resentía algo de él?

6. Explica las circunstancias que llevaron a Carlos a querer vender la viña. ¿Estaba cansado del trabajo? ¿aburrido? ¿Resentía algo de su familia? ¿Había otros problemas?

Paso 2 Comparte tu información con un compañero (una compañera) de clase. ¿Tienen ideas parecidas?

A escribir

Paso 1 Usa las respuestas del **Paso 1** para escribir un borrador en una hoja de papel aparte. Las palabras y expresiones a continuación pueden serte útiles.

además de	in addition to
al contrario	on the contrary
así que	therefore
creo que	I think that
es obvio/evidente que	it's obvious/evident that
me parece que	it seems to me that
opino que	it's my opinion that
por lo visto	apparently
sin embargo	however

Paso 2 Repasa bien lo que has escrito. ¿Quieres agregar oraciones para hacer la narración más interesante?

Paso 3 Intercambia tu composición con la de un compañero (una compañera) de clase. Revisa los siguientes puntos.

☐ el significado y el sentido en general

☐ la concordancia entre sustantivo y adjetivo

☐ la concordancia entre sujeto y verbo

☐ la ortografía

Al entregar tu composición

Usa los comentarios de tu compañero/a de clase para escribir una versión final de tu composición. Repasa los siguientes puntos sobre el lenguaje y luego entrégasela a tu profesor(a).

☐ el uso correcto del pretérito y del imperfecto

☐ el uso correcto del subjuntivo

☐ el uso correcto de las palabras de transición

🎬 ¡Acción!

¡Acción! 1 ¿Cómo te hacen sentirte?

Completa las siguientes oraciones con los nombres de personas o personajes famosos y una explicación de por qué te sientes así.

MODELO: No le tengo envidia al <u>presidente</u> porque <u>tiene muchas responsabilidades.</u>

1. No aguanto _____ porque _____

2. Me gusta(n) mucho _____ porque _____

3. Admiro a _____ porque _____

4. _____ no me cae(n) bien porque _____

5. Le(s) tengo envidia a _____ porque _____

6. Respeto a(l) _____ porque _____

¡Acción! 2 ¿Qué se hacen?

Escribe seis oraciones con los verbos de la lista sobre lo que tú y tus amigos y/o parientes se hacen.

abrazar   aguantar   escribir cartas   extrañar   llamar   respetar

MODELO: extrañar → Mi primo Jeff y yo nos extrañamos porque no nos vemos con frecuencia.

1. _____
2. _____
3. _____
4. _____
5. _____
6. _____

¡Acción! 3 Las fábulas (*Fables*)

Los animales de las fábulas representan características humanas. Completa las siguientes oraciones con adjetivos que representan los animales y explica por qué.

MODELO: El zorro (*fox*) representa a una persona engañadora porque engaña a los demás.

1. El mono (*monkey*) representa a una persona _____ porque _____

2. La serpiente (*snake*) representa a una persona _____ porque _____

3. El perro representa a una persona _____ porque _____

4. La hiena representa a una persona _____ porque _____

5. El cisne (*swan*) representa a una persona _____ porque _____

6. La gata representa a una persona _____ porque _____

¡Acción! 4   Espero que...

Escribe de seis a diez oraciones sobre el futuro (en diez años) de tus relaciones con amigos y parientes. Usa las expresiones **espero que...** y **ojalá que...** en tus oraciones.

_____

_____

_____

_____

_____

_____

¡Acción! 5   ¿Qué debo hacer?

Usa el vocabulario de esta sección para darles consejos a las siguientes personas.

1. Encontré el número telefónico de un hombre en la cartera de mi novia. Ella dice que es su socio (*business partner*), pero creo que me engaña. ¿Qué debo hacer?

   _____

2. Mi jefa (*boss*) y yo nos peleamos y ahora ella no me habla. Me siento mal porque quiero que seamos cordiales otra vez. ¿Qué debo hacer?

   _____

3. Mis padres quieren casarme con la hija de unos amigos de ellos que no conozco. Respeto a mis padres, pero no quiero casarme con alguien que no amo. ¿Qué debo hacer?

   _____

4. Cada vez que no estoy de acuerdo con alguna decisión de mi esposo, él me amenaza (*threatens*) con el divorcio. No quiero divorciarme, pero tampoco quiero vivir así. ¿Qué debo hacer?

   _____

5. Me enteré de (*I found out*) que una compañera de trabajo le cuenta a su esposo todos mis secretos. Estoy muy decepcionada y no sé si puedo confiar más en ella. ¿Qué debo hacer?

   _____

6. Mi novio es muy guapo y le gusta coquetear con las mujeres. No va más allá de eso, pero aún así me molesta su actitud. ¿Qué debo hacer?

   _____

¡Acción! 6   ¿Qué haces?

Completa las siguientes oraciones con información verdadera para ti.

1. Llevo una tarjeta de crédito cuando voy de viaje en caso de que _____

2. No salgo de la casa sin que _____

3. Hago la tarea antes de que _____

4. No les doy dinero a mis amigos a menos que _____

5. Los padres trabajan para que sus hijos _____

6. De vez en cuando no duermo bien a menos que _____

El dinero y las finanzas

OBJETIVOS

IN THIS LESSON, YOU WILL CONTINUE TO PRACTICE:

▶ talking about money and your personal finances

▶ using the present progressive as well as using infinitives as subjects

▶ talking about debts you have and how to pay them off

▶ the conditional to talk about what you would do in certain situations

▶ talking about the economy

▶ the imperfect subjunctive to talk about hypothetical events and how you would respond to them

Vocabulario

¿Cómo manejas el dinero?   Your Personal Finances

Actividad A   ¡A sacar dinero!

Pon las oraciones en el orden en que sacas dinero de un cajero automático.

_____ Marcas la cantidad de dinero que quieres sacar de la cuenta.

_____ Marcas los números del código personal.

_____ Guardas el dinero y el recibo.

_____ Introduces la tarjeta bancaria en el cajero automático.

_____ Confirmas la cantidad que quieres sacar.

_____ Sacas el recibo que sale del cajero automático.

_____ Sacas el dinero en efectivo del cajero automático.

Actividad B   ¿Quién lo dice?

Indica quién dice las declaraciones que escuchas.

	EL CLIENTE	EL BANQUERO	EL CAJERO DE UNA TIENDA
1.	☐	☐	☐
2.	☐	☐	☐
3.	☐	☐	☐
4.	☐	☐	☐
5.	☐	☐	☐
6.	☐	☐	☐
7.	☐	☐	☐
8.	☐	☐	☐

Actividad C   Y ahora, ¿qué haces?

Busca la solución más apropiada a cada problema a continuación.

1. _____ Estás en la caja y te encuentras sin efectivo.

2. _____ El sueldo no te alcanza para (*doesn't cover*) tus gastos.

3. _____ El cajero automático se tragó (*swallowed*) tu tarjeta bancaria.

4. _____ Piensas hacer una excursión a un lugar donde hay muchos robos (*robberies*).

5. _____ Te gusta un auto, pero no lo puedes pagar todo de una vez (*at once*).

6. _____ Manejas muy mal tus cuentas personales.

7. _____ Has ahorrado algún dinero y quieres que gane interés.

8. _____ Se te perdió la libreta de cheques (*checkbook*).

a. Pídele un aumento de sueldo al jefe (*boss*).
b. Hazte un presupuesto.
c. Consigue cheques de viajero.
d. Abre una cuenta de ahorros.
e. Paga con tarjeta de crédito.
f. Llama al banco para que no paguen los cheques de tu cuenta.
g. Comunícate con el banco para pedir un repuesto (*replacement*).
h. Págalo a plazos.

Go to page 105 to complete ¡Acción! 1.

Gramática

Ver es creer
Progressive Versus Infinitives

Actividad D   ¿Qué actitud tienen hacia el dinero?

Indicate the attitude toward money that best describes each action.

	IRRESPONSABLE	RESPONSABLE	TACAÑA (*CHEAP*)
1. Gastar el sueldo en cosas que uno nunca va a usar.	☐	☐	☐
2. Tomar muchas bebidas en una fiesta porque no hay que pagarlas.	☐	☐	☐
3. No salir con amigos a un restaurante caro para poder pagar las cuentas.	☐	☐	☐
4. Gastar todo el dinero en los casinos y no pagar el alquiler.	☐	☐	☐
5. Depositar un cheque en una cuenta de ahorros en caso de emergencia.	☐	☐	☐
6. Comer solo en casa por no querer gastar dinero en invitar a alguien a un restaurante.	☐	☐	☐

Actividad E ¿Por qué?

Indicate the most logical answer to each question that you hear. You will hear each question twice.

1. _____
2. _____
3. _____
4. _____
5. _____
6. _____
7. _____
8. _____

a. Anda llorando porque rompió con Esteban.

b. Siguen saliendo como amigos.

c. Ando buscando a Pedro. ¿Sabes dónde está?

d. Sigue durmiendo porque se siente muy mal.

e. Siguen estudiando para el examen de química.

f. Está depositando su cheque.

g. Sigo usando el de mi padre.

h. Estamos tomando unas copas.

Go to page 105 to complete ¡Acción! 2.

SEGUNDA PARTE

Vocabulario

Las deudas

More on Personal Finances

Actividad A Las deudas y el seguro

Paso 1 Empareja cada expresión con el concepto contrario.

1. _____ pagar en efectivo
2. _____ pagar una deuda
3. _____ pedir prestado/a
4. _____ pagar a plazos
5. _____ ahorrar

a. sacar un préstamo
b. gastar
c. pagar de una vez
d. cargar
e. prestar

Paso 2 Ahora indica la categoría correcta para cada una de las siguientes palabras.

		DEUDA	SEGURO
1.	contra incendios	☐	☐
2.	médico	☐	☐
3.	el préstamo	☐	☐
4.	deber	☐	☐
5.	antirrobo	☐	☐
6.	la hipoteca	☐	☐
7.	el interés	☐	☐

Actividad B   ¿Quién lo hace?

Lee cada pregunta e indica la(s) persona(s) correspondiente(s).

		EL QUE PIDE PRESTADO/A	EL QUE PRESTA	AMBOS
1.	¿Quién firma el contrato?	☐	☐	☐
2.	¿Quién saca el préstamo?	☐	☐	☐
3.	¿Quién tiene la deuda?	☐	☐	☐
4.	¿Quién paga los intereses?	☐	☐	☐
5.	¿Quién recibe los intereses?	☐	☐	☐
6.	¿Quién paga la deuda?	☐	☐	☐

Actividad C   ¿Qué pides?

Indica lo que está pidiendo cada una de las personas que habla. Vas a escuchar las declaraciones dos veces.

1. _____
2. _____
3. _____
4. _____
5. _____
6. _____

a. Le está pidiendo un seguro médico.
b. Le está pidiendo un préstamo a un banquero.
c. Le está pidiendo su firma.
d. Le está pidiendo un seguro de vida.
e. Le está pidiendo un préstamo a un amigo.
f. Le está pidiendo un préstamo para sacar una hipoteca.

Go to page 106 to complete **¡Acción! 3.**

Gramática

¿Qué harías?

Actividad D   ¿Qué podrías hacer?

Match each sentence you hear with the correct item. You will hear each sentence twice.

1. _____
2. _____
3. _____
4. _____
5. _____
6. _____
7. _____

a. con una hipoteca
b. con un presupuesto mensual
c. con el seguro médico
d. con cheques de viajero
e. con una cuenta de ahorros
f. con un cajero automático
g. con el seguro de automóvil

Actividad E   ¿Quién lo haría?

Read each sentence and indicate what kind of person would do the action.

1. Invertiría (*He/She would invest*) todo su dinero en la Bolsa de valores (*stock market*).

   a. pragmática   **b.** responsable   **c.** arriesgada (*daring*)

2. Le prestaría a un amigo cien dólares.

   a. materialista   **b.** generosa   **c.** tacaña

3. Compraría una casa grande sin tener cómo pagarla.

   a. generosa   **b.** pragmática   **c.** irresponsable

4. Les daría comida a los que no tienen qué comer.

   a. altruista   **b.** irresponsable   **c.** tacaña

5. No gastaría más de lo que tiene.

   a. pragmática   **b.** arriesgada   **c.** generosa

6. Nunca invitaría a sus amigos a comer para no gastar dinero.

   a. generosa   **b.** tacaña   **c.** responsable

7. Tendría seguro de vivienda porque vive cerca del mar.

   a. arriesgada   **b.** altruista   **c.** pragmática

Actividad F   Comprando una casa

Put in order the following steps to buy a house.

_____ Le presentarías todos los datos al banquero.

_____ Te mudarías a la casa nueva.

_____ Buscarías anuncios en el periódico que correspondieran (*correspond*) al precio y la zona preferidos.

_____ Decidirías la casa que quieres comprar.

_____ Firmarías la hipoteca.

_____ Irías a ver las casas de los anuncios que más te interesen.

_____ Decidirías cuánto puedes pagar y en qué zona quieres vivir.

Go to page 106 to complete ¡**Acción!** 4.

TERCERA PARTE

Vocabulario

La economía

Local and World Markets

Actividad A   Unos sectores del producto nacional bruto

Indica el tipo de producción con que se asocia cada producto.

	LA INDUSTRIA	LA AGRICULTURA	LOS RECURSOS (RESOURCES) NATURALES
1. los metales preciosos	☐	☐	☐
2. los plátanos	☐	☐	☐
3. los automóviles	☐	☐	☐
4. la carne	☐	☐	☐
5. el petróleo	☐	☐	☐

	LA INDUSTRIA	LA AGRICULTURA	LOS RECURSOS (*RESOURCES*) NATURALES
6. el tabaco	☐	☐	☐
7. el azúcar	☐	☐	☐
8. los productos farmacéuticos	☐	☐	☐

Actividad B ¿Qué factores influyen en la economía?

Empareja el sector económico con el factor más influyente.

1. _____ Una sequía (*drought*) sería terrible para...

2. _____ Después de un huracán habría mucha...

3. _____ Una huelga (*strike*) prolongada causaría problemas en...

4. _____ Si los tipos de interés son muy bajos, más gente pide...

5. _____ Una crisis en el sistema de los seguros médicos afectaría el mercado de...

6. _____ Con el desempleo muy alto el estado tendría que ofrecer más...

a. la industria automovilística.
b. los productos farmacéuticos.
c. la agricultura.
d. asistencia pública.
e. construcción.
f. préstamos de los servicios financieros.

Actividad C ¿Beneficiaría o perjudicaría (*would it harm*) la economía?

Indica si cada una de las condiciones económicas que escuchas beneficiaría o perjudicaría la economía nacional o si no la afectaría (*it would not affect it*) mucho.

	LA BENEFICIARÍA.	LA PERJUDICARÍA.	NO LA AFECTARÍA MUCHO.
1.	☐	☐	☐
2.	☐	☐	☐
3.	☐	☐	☐
4.	☐	☐	☐
5.	☐	☐	☐
6.	☐	☐	☐
7.	☐	☐	☐

Go to page 107 to complete ¡Acción! 5.

Gramática

Si tuviera más dinero...

Hypothetical Statements; Introduction to the Imperfect Subjunctive

Actividad D   Si las circunstancias cambiaran...

Complete each sentence by matching the correct independent clause to the dependent clauses you hear. You will hear each dependent clause twice.

1. _____
2. _____
3. _____
4. _____
5. _____
6. _____
7. _____

    a. tendrías una deuda muy alta.
    b. la gente sufriría menos.
    c. los supermercados venderían menos.
    d. probablemente no tendríamos empleo.
    e. serías riquísimo.
    f. no existiría el desempleo.
    g. correrías mucho riesgo (*risk*).

Actividad E   ¡Demasiadas excusas!

Imagine that a friend is constantly making excuses and blaming other people for his problems. Complete his excuses by matching each condition with the appropriate phrase to complete the statement.

1. _____ Si mi profesor explicara mejor las instrucciones...

2. _____ Si la clase no fuera a las 8:00 de la mañana...

3. _____ Si mis padres me dieran más dinero...

4. _____ Si mi compañero de habitación no roncara (*snore*) durante la noche...

5. _____ Si tuviera más tiempo para estudiar...

6. _____ Si no hiciera tanto frío...

    a. yo no llegaría tarde.
    b. yo dormiría mucho mejor.
    c. yo sacaría mejores notas.
    d. yo entendería lo que tengo que hacer.
    e. yo haría más ejercicio afuera.
    f. yo podría salir a comer de vez en cuando.

Go to page 107 to complete ¡Acción! 6.

▲ ¡A escuchar!

🎧 Actividad A   ¿Qué estás intruseando (*up to*)?

Paso 1   Escucha el segmento del **Episodio 8** en que María discute con Carlos. Luego, contesta las siguientes preguntas.

1. ¿Dónde discuten María y Carlos?

   a. en la casa de la madre   **b.** en la oficina de María   **c.** en la oficina de Carlos

2. A Carlos no le gusta que María...

   a. entre sin pedir permiso.   **b.** salga con Jaime.   **c.** lo acuse de engañar a todos.

Paso 2   Escucha el segmento de nuevo y contesta las siguientes preguntas.

1. ¿Qué expresión de siete palabras es equivalente a *What I don't like is that...* ? _____

   _____

2. ¿Qué expresión de tres palabras es equivalente a *you'll keep on...* ? _____

   _____

Actividad B   ¿Engañarnos a nosotras?

🎧 **Paso 1**   Escucha la conversación entre Isabel y Carlos. Llena los espacios en blanco con las palabras que oyes.

ISABEL: Quizá eso te lo hubiera podido perdonar.[a] Pero, ¿_____[1] a nosotras?

¿Engañar a los _____,[2] a la comunidad del valle? Nos _____[3]

_____[4] en una _____[5] _____[6] _____,[7] Carlos.

CARLOS: ¡ _____[8] que hacerlo, mamá! ¡Las inversiones _____[9] a mi nombre!

¡No _____[10] nada! ¡Sólo la venta de la viña _____[11] _____[12]

_____[13]!

[a]Quizá... *I might have been able to forgive you for that.*

Paso 2   Contesta las siguientes preguntas según lo que entiendes.

1. Cuando Isabel dice «a nosotras», el pronombre **nosotras** se refiere a...

   a. Paco e Isabel   **b.** María e Isabel   **c.** Isabel y los vecinos

2. Isabel hubiera podido perdonarle a Carlos...

   a. el engaño (*deceit*)   **b.** la venta de la viña   c. las deudas

🎬 ¡Acción!

¡Acción! 1 Tu presupuesto mensual

Describe aspectos de tu presupuesto mensual sin dar cantidades exactas.

MODELO: el sueldo: Recibo un cheque cada dos semanas por mi trabajo en el cine.

1. otros ingresos

   _____

2. las cuentas mensuales

   _____

3. los gastos de los estudios

   _____

4. los gastos de diversiones (ir al cine, a los restaurantes, etcétera)

   _____

5. el uso del cajero automático y las comisiones del banco

   _____

6. el interés de tus cuentas bancarias

   _____

¡Acción! 2 ¿Qué sigues haciendo?

Escribe dos cosas que tú sigues haciendo, dos cosas que un amigo (una amiga) anda haciendo y dos cosas que crees que tus padres (no) están haciendo. En cada caso explica por qué lo sigue/anda/está haciendo la persona mencionada.

MODELO: yo →
        Sigo trabajando en el restaurante porque necesito pagar mis estudios.

1. yo

   a. _____

   b. _____

2. mi amigo/a

   a. _____

   b. _____

3. mis padres

   a. _____

   b. _____

¡Acción! 3   ¿Y ahora qué?

Lee la descripción y luego escríbele consejos a Gregorio sobre cómo manejar bien sus finanzas.

Descripción: Gregorio Bravo vive con su esposa e hijas en un apartamento. Con la ayuda de muchos préstamos, él asistió a la universidad y acaba de (*he just*) graduarse. Consiguió trabajo, pero lejos de donde vive. Sus prioridades absolutas (*top*) son su matrimonio, sus hijos y comprar una casa. ¿Cómo debería manejar su dinero?

> MODELO: los préstamos →
> Gregorio debe pagar lo mínimo para sus préstamos y comprar cosas necesarias para la familia.

1. el sueldo

   _____

2. el alquiler

   _____

3. los ahorros

   _____

4. el seguro médico

   _____

5. la casa

   _____

6. otro: _____

   _____

¡Acción! 4   ¿Sería posible conseguir más dinero?

Escribe una lista de lo que uno haría para conseguir un aumento de sueldo.

> MODELO: Le escribiría una carta al jefe (*boss*) explicándole cómo contribuye a la empresa.

1. _____
2. _____
3. _____
4. _____
5. _____
6. _____

Nombre _____ Fecha _____ Clase _____

¡Acción! 5   ¿Va bien la economía?

En tu opinión, ¿cómo está la economía nacional?

☐ Hay prosperidad.   ☐ Hay una recesión.   ☐ Hay una depresión.

Ahora haz una lista de los factores económicos, políticos y sociales que crearon la economía actual (*current*).

MODELO: Hay una recesión porque tenemos una deuda demasiado grande.

1. _____
2. _____
3. _____
4. _____
5. _____
6. _____

¡Acción! 6   Si tú manejaras el presupuesto nacional...

Explica en veinticinco a cincuenta palabras qué porcentaje gastarías en los siguientes aspectos del presupuesto nacional. ¡OJO! Tu porcentaje debe sumar al 100 por ciento.

MODELO: la instrucción pública →
Si yo manejara el presupuesto nacional destinaría el 50 por ciento a la instrucción pública para construir escuelas de alta calidad y bajo precio.

la instrucción pública   el medio ambiente
la defensa   las artes
la Seguridad Social   otra categoría: _____

_____
_____
_____
_____
_____
_____
_____
_____

Los medios de comunicación

OBJETIVOS

IN THIS LESSON, YOU WILL CONTINUE TO PRACTICE:

▶ talking about the media, keeping up with current events, and types of TV programs

▶ using **por** and **para**

▶ talking about how the media presents information and how we react to it

▶ using the subjunctive to express doubt and disbelief

▶ talking about societal concerns

▶ using the subjunctive to talk about what you want to happen

Vocabulario

¿Cómo te informas?

Getting Information

Actividad A ¿En qué medio sale?

Indica en qué medio de comunicación saldrían las siguientes noticias. ¡OJO! Pueden salir en más de uno.

	EL NOTICIERO NACIONAL	EL PERIÓDICO LOCAL	UNA REVISTA DE MODA
1. El equipo de la escuela gana el campeonato regional de basquetbol.	☐	☐	☐
2. Anuncian los votos de los candidatos para presidente del país.	☐	☐	☐
3. una entrevista con la nueva modelo más popular	☐	☐	☐
4. una entrevista con el jefe del Departamento de Defensa	☐	☐	☐
5. un reportaje a fondo (*probing*) sobre los gastos del ayuntamiento (*city hall*)	☐	☐	☐
6. un ensayo editorial sobre la colección de primavera presentada por los diseñadores (*designers*) de moda de Milán	☐	☐	☐
7. una serie de fotos de un incendio en el centro de la ciudad	☐	☐	☐

Actividad B ¿Lógico o no?

Escucha lo que dice la persona a continuación y luego indica si cada oración es lógica o no.

	ES LÓGICO.	NO ES LÓGICO.
1. A esta persona le gusta leer para estar al corriente de las noticias.	☐	☐
2. Esta persona habla de un acontecimiento de poca importancia.	☐	☐
3. Esta persona no confía mucho en los testimonios de otras personas.	☐	☐
4. Según esta persona, los titulares tienen una función importante para las personas que tienen poco tiempo.	☐	☐
5. A esta persona le gustan los reportajes con detalles.	☐	☐
6. Esta persona lee en el Internet los periódicos de otros países.	☐	☐

Actividad C   Los titulares

Empareja el titular con la sección del periódico donde se lee.

1. _____ Pedro Cuevas juega en el equipo nacional

2. _____ El gobernador se equivoca con su nuevo plan para las escuelas

3. _____ La deuda nacional crece el 8,9 por ciento en un año

4. _____ El Museo de Arte Moderno muestra la obra de un artista anciano

5. _____ El presidente es reeligido

6. _____ Se busca secretario ejecutivo

a. en la portada (*front page*)
b. Deportes
c. Cultura
d. Anuncios
e. Economía
f. Opiniones

Go to page 121 to complete **¡Acción! 1.**

Gramática

Te llamó por teléfono.

Por and **para:** A Summary

Actividad D   La vida del reportero

Select the correct use of **por** or **para,** according to the context.

1. El periodista consiguió entrevistar al ministro **por** medio de sus contactos personales.

   a. propósito   **b.** causa   **c.** en defensa de

2. El trabajo de historia es **para** el martes.

   a. límite   **b.** medio   **c.** propósito

3. El reportero tiene lápiz y un cuaderno **para** tomar apuntes.

   a. uso   **b.** recipiente   **c.** destino

4. A veces los reporteros ponen en riesgo su vida **para** tenernos informados.

   a. modo   **b.** cambio   **c.** propósito

5. Normalmente no son los reporteros quienes escriben los titulares **para** sus propios artículos.

   a. sustitución   **b.** comparación   **c.** recipiente

6. Muchos artículos son aun más interesantes **por** las fotos que incluyen.

   a. causa   **b.** comparación   **c.** sustitución

7. **Para** ser reportero, él tiene muy pocos contactos en esta comunidad.

   a. cambio   **b.** propósito   **c.** comparación

8. Como esa reportera está en un lugar muy remoto, recibimos sus artículos **por** teléfono de satélite.

   a. sustitución   **b.** medio   **c.** causa

Actividad E   Equivalentes

Match each statement you hear with a sentence that represents the same idea. You will hear each statement twice.

1. _____
2. _____
3. _____
4. _____
5. _____
6. _____

a. Va para la ciudad.
b. Es por la tarde.
c. Pasa por la ciudad.
d. Son para el teléfono.
e. Es para esta tarde.
f. Habló por teléfono.

Actividad F   Preguntas

Match each question with the corresponding answer.

1. _____ Y esto, ¿qué es?
2. _____ ¿Por qué se van ahora?
3. _____ ¿Por qué cancelaron el concierto?
4. _____ ¿Cuándo te vas?
5. _____ ¿Cómo te vas a comunicar conmigo?
6. _____ Estos no son míos, ¿verdad?
7. _____ ¿Por qué le pagaste?

a. Por la mañana.
b. Es un chisme (*gadget*) para abrir las botellas.
c. Tienes razón. Son para la tía.
d. Por el trabajo que me hizo.
e. Para no llegar tarde.
f. Por la lluvia.
g. Por correo electrónico.

Go to page 121 to complete **¡Acción! 2.**

S E G U N D A   P A R T E ⬛⬜⬛⬜⬛⬜⬛⬜⬛⬜⬛⬜⬛⬜⬛

Vocabulario

¿Qué hay en la televisión?

Types of Programming

Actividad A   Programas televisivos

Empareja cada una de las oraciones que escuchas con el medio correspondiente. Vas a oír las oraciones dos veces.

1. _____
2. _____
3. _____
4. _____
5. _____
6. _____
7. _____

a. el programa de entrevistas
b. la telenovela
c. el programa deportivo
d. el noticiero
e. la comedia
f. el concurso
g. el drama

Actividad B   Descripciones

Empareja cada una de las oraciones que escuchas con el adjetivo o verbo correspondiente. Vas a oír las oraciones dos veces.

1. _____
2. _____
3. _____
4. _____
5. _____
6. _____
7. _____

a. manipular
b. criticar
c. violento/a
d. gracioso/a
e. parcial
f. objetivo/a
g. informativo/a

Actividad C   ¿De qué se trata?

Empareja frases de las dos columnas para completar las oraciones.

1. _____ Los noticieros se tratan de...

2. _____ Las telenovelas se tratan de...

3. _____ Los concursos se tratan de...

4. _____ Los dramas policíacos se tratan de...

5. _____ Las comedias se tratan de...

6. _____ Los reportajes se tratan de...

a. situaciones melodramáticas de los personajes.
b. una investigación a fondo de algún problema.
c. crímenes.
d. situaciones cómicas con diálogo chistoso (*funny*).
e. los acontecimientos más importantes del día.
f. una competición para ganar dinero.

 Go to page 122 to complete ¡Acción! 3.

Gramática

Dudo que lo sepa.   Subjunctive of Doubt, Denial, and Uncertainty

Actividad D   ¿Quién lo dice?

The evening news presents a story about a crime that has just occurred in the city. Match the quote with the person involved in the story.

1. _____ «No puede ser que yo sea el culpable (*guilty one*).»

2. _____ «No hay duda de que el culpable es él; lo he visto yo.»

3. _____ «No puedo creer que salgan estas imágenes violentas en la televisión.»

4. _____ «Necesito más luz porque no estoy seguro de que salgan bien estas imágenes.»

5. _____ «Según Roberto Vásquez, es verdad que el crimen aumenta (*is growing*) en esta ciudad. Ahora, un informe especial.»

6. _____ «Un testigo me dice que no es cierto que la víctima, Laura Sánchez, sea la única persona herida (*wounded*) en la confrontación.»

a. el reportero
b. el presentador
c. el testigo
d. el fotógrafo
e. el criminal acusado
f. el televidente (*TV viewer*)

Actividad E ¿Está seguro?

Indicate which phrase best matches the meaning of each sentence that you hear.

	ESTÁ SEGURO DE QUE ES VERDAD.	NO ESTÁ SEGURO.	ESTÁ SEGURO DE QUE ES MENTIRA.
1.	☐	☐	☐
2.	☐	☐	☐
3.	☐	☐	☐
4.	☐	☐	☐
5.	☐	☐	☐
6.	☐	☐	☐

 Go to page 122 to complete ¡Acción! 4.

TERCERA PARTE ▮▮▮▮▮▮▮▮▮▮▮▮▮▮▮▮▮

Vocabulario

La responsabilidad cívica   Civic Duty and Citizenship

Actividad A ¿Quiénes se preocupan por el problema?

Empareja cada uno de los problemas con el lugar o la organización correspondiente.

1. _____ el medio ambiente
2. _____ los crímenes violentos
3. _____ el analfabetismo
4. _____ la drogadicción
5. _____ el SIDA
6. _____ los derechos humanos

a. la Clínica Betty Ford
b. Greenpeace
c. las escuelas
d. Amnistía Internacional
e. las clínicas; las empresas farmacéuticas
f. la cárcel (*jail*)

🎧 Actividad B ¿Existe una solución?

Escucha las declaraciones e indica si presentan un punto de vista pesimista u optimista.

	PESIMISTA	OPTIMISTA
1.	☐	☐
2.	☐	☐
3.	☐	☐
4.	☐	☐
5.	☐	☐
6.	☐	☐
7.	☐	☐
8.	☐	☐

Actividad C ¿Mejor o peor?

Paso 1 Empareja cada uno de los problemas con la oración correspondiente.

1. _____ el hambre
2. _____ el analfabetismo
3. _____ la drogadicción
4. _____ el SIDA
5. _____ los derechos humanos
6. _____ el medio ambiente
7. _____ la corrupción de los políticos

a. El gobierno apoya el desarrollo de programas que usan energía solar.
b. Los voluntarios en las bibliotecas enseñan a leer.
c. Las empresas contribuyen a la campaña electoral del gobernador, y él les da contratos lucrativos.
d. El seguro médico paga los programas de desintoxicación.
e. Aprueban una ley que elimina los almuerzos gratis (*free*) en las escuelas.
f. El Estado no permite el comercio con los países que maltratan a (*mistreat*) sus presos (*prisoners*) políticos.
g. No se ofrecen agujas (*needles*) limpias a los drogadictos.

Paso 2 Ahora indica si la información de la frase contribuye al problema o crea una solución al problema.

	CONTRIBUYE AL PROBLEMA.	CREA UNA SOLUCIÓN.
1.	☐	☐
2.	☐	☐
3.	☐	☐
4.	☐	☐
5.	☐	☐
6.	☐	☐
7.	☐	☐

Go to page 123 to complete ¡Acción! 5.

Gramática

¿Qué quieres que haga?   Subjunctive of Volition and Desire

Actividad D   ¿Qué hago?

Listen to the sentences and indicate what the speaker is telling you to do.

	HAZLO.	NO IMPORTA.	NO LO HAGAS.
1.	☐	☐	☐
2.	☐	☐	☐
3.	☐	☐	☐
4.	☐	☐	☐
5.	☐	☐	☐
6.	☐	☐	☐
7.	☐	☐	☐
8.	☐	☐	☐

Actividad E   ¿En qué orden?

Put the sentences in order to describe how to solve one of society's problems.

_____ Los políticos recomiendan que se aprueben leyes para resolver el problema.

_____ Y claro, los políticos quieren que la gente esté contenta.

_____ Muchas cosas van mal en las escuelas y es necesario que identifiquemos el problema.

_____ Le sugerimos a la gente que les comunique ese interés a los políticos.

_____ Le decimos a la gente que se interese en el problema.

_____ Es preciso que le presentemos el problema a la gente.

Actividad F   Los derechos y los deberes

Indicate if the following rules prohibit, permit, or oblige certain activities.

		PROHÍBE	PERMITE	OBLIGA
1.	No se permite que la gente fume en los aviones.	☐	☐	☐
2.	A todos los que entran en el país, se les pide que presenten sus pasaportes.	☐	☐	☐
3.	Es preciso que los edificios públicos tengan acceso fácil para los minusválidos (*handicapped*).	☐	☐	☐
4.	La luz roja del semáforo (*traffic light*) indica que no pasen los coches.	☐	☐	☐

(continued)

	PROHÍBE	PERMITE	OBLIGA
5. El jefe les dice a los meseros que verifiquen la edad de los clientes del bar.	☐	☐	☐
6. Las leyes dicen que se puede mantener armas.	☐	☐	☐

Go to page 123 to complete ¡Acción! 6.

▲ ¡A escuchar!

Actividad A ¿Escuchar al cerebro o al corazón?

Paso 1 Escucha el segmento del **Episodio 8** en que Paco habla con María. Luego, completa la siguiente oración.

Paco piensa que María necesita prestar (*pay*) más atención a lo que dice el _____[1] y

no siempre escuchar al _____.[2]

Paso 2 Escucha el segmento otra vez. ¿Cuál es el significado de la preposición **por** en este segmento?

    a. indica un cambio   **b.** indica movimiento en el tiempo   **c.** expresa un medio

Actividad B Dile que...

Paso 1 Escucha la conversación entre Isabel y Yolanda. Luego, indica si las siguientes oraciones son ciertas o falsas.

	CIERTO	FALSO
1. Isabel quiere que Yolanda vaya a buscar a Carlos.	☐	☐
2. Isabel quiere que Carlos la busque en su habitación.	☐	☐

Paso 2 Escucha el segmento de nuevo. Luego, contesta las siguientes preguntas.

    1. ¿Qué expresión utiliza Isabel para decir *have you seen?* _____

    2. ¿Qué expresión utiliza Isabel para decir *tell him that?* _____

✎ Para escribir

Antes de escribir

Paso 1 Para esta actividad vas a escribir sobre los factores que han contribuido al engaño de Carlos y si piensas que él merece otra oportunidad o no. Para comenzar, indica si estás de acuerdo o no con las siguientes afirmaciones sobre Carlos.

	ESTOY DE ACUERDO.	NO ESTOY DE ACUERDO.
1. Era muy machista.	☐	☐
2. Sólo pensaba en sí mismo, no en los demás.	☐	☐

	ESTOY DE ACUERDO.	NO ESTOY DE ACUERDO.
3. Se sintió obligado a quedarse a trabajar en la viña después de la muerte de su padre.	☐	☐
4. Invirtió dinero en compañías tecnológicas para su propio beneficio, no por el bien de la viña.	☐	☐
5. Trataba mal a sus empleados (como Traimaqueo) a causa de su propia inseguridad.	☐	☐
6. Le tenía mucha envidia a su hermana María.	☐	☐
7. Pensaba que su madre quería más a María que a él.	☐	☐
8. Invirtió dinero para demostrar (show) a su familia que él también era inteligente.	☐	☐
9. Estaba resentido por el éxito profesional de su hermana.	☐	☐

Paso 2 Ahora indica si le darías otra oportunidad a Carlos para quedarse a trabajar en la viña. ¿Qué afirmaciones del **Paso 1** apoyan tu decisión? Piensa en tres argumentos más y escríbelos aquí.

1. _____

2. _____

3. _____

A escribir

Paso 1 Usa la información del **Paso 1** de **Antes de escribir** para escribir un borrador en una hoja de papel aparte. Empieza tu composición con una de las siguientes oraciones.

- Si yo fuera doña Isabel, le daría otra oportunidad a Carlos.

- Si yo fuera doña Isabel, le daría a Carlos las mismas opciones que ella le dio.

Las siguientes palabras y expresiones pueden serte útiles.

además (de)	besides, in addition (to)
(no) lo merece	he deserves it (doesn't deserve it)
por eso	that's why, therefore
por fin	finally
sin embargo	however

Paso 2 Repasa bien lo que has escrito. ¿Quieres agregar oraciones para hacer la narración más interesante?

Paso 3 Intercambia tu composición con la de un compañero (una compañera) de clase. ¿Puedes pensar en otro tipo de información que tu compañero/a pueda incluir? Revisa los siguientes puntos.

☐ el significado y el sentido en general

☐ la concordancia entre sustantivo y adjetivo

☐ la concordancia entre sujeto y verbo

☐ la ortografía

Al entregar la composición

Usa los comentarios de tu compañero/a de clase para escribir una versión final de tu composición. Repasa los siguientes puntos sobre el lenguaje y luego entrégasela a tu profesor(a).

☐ el uso correcto del pretérito y del imperfecto

☐ el uso correcto del subjuntivo

☐ el uso correcto de palabras de transición

🎬 ¡Acción!

¡Acción! 1   ¿Estás al corriente de las noticias?

Contesta cada pregunta con una oración completa dando información personal.

1. ¿Siempre estás al corriente de las noticias del mundo?

   _____

2. ¿Cómo te informas de lo que pasa en el mundo?

   _____

3. ¿Con qué frecuencia lees revistas de noticias?

   _____

4. ¿Cuál es el mejor medio para informarse uno de lo que pasa en el mundo: la televisión o la prensa?

   _____

5. ¿Cuáles son las noticias más relevantes para un estudiante universitario (una estudiante universitaria): las locales, las nacionales o las internacionales?

   _____

¡Acción! 2   ¿Te has enterado?

Describe por qué los siguientes recursos informativos son importantes (o no) para ti. Trata de usar **por** y **para** en tus oraciones.

MODELO: el Internet → El Internet es importante para mí porque por Internet me entero de las noticias en los países de habla española.

1. el Internet _____

   _____

2. el noticiero _____

   _____

3. la radio _____

   _____

4. los anuncios publicitarios _____

   _____

5. las películas _____

   _____

6. el periódico _____

   _____

¡Acción! 3 La programación y el horario

Explica el tipo de programa que fijarías (*you would schedule*) para cada hora indicada. Usa vocabulario de esta sección en tus oraciones.

MODELO: 9:00 de la mañana → Un programa para los niños sería apropiado para esa hora porque muchos adultos están trabajando, pero los niños pequeños están en casa.

1. 4:00 de la mañana

2. 7:00 de la mañana

3. mediodía

4. 6:00 de la tarde

5. 9:00 de la noche

6. medianoche

¡Acción! 4 ¿Tú lo crees?

¿Crees todo lo que ves en la televisión? Algunos opinan que los programas, los anuncios y aun los noticieros presentan una imagen falsa o distorsionada del mundo. Otros no están de acuerdo. Escribe de veinticinco a cincuenta palabras sobre tus opiniones de las imágenes que se presentan en la televisión. Usa algunas de las siguientes expresiones en tus oraciones.

Dudo que...	Es posible que...	No pienso que...
Es imposible que...	No estoy seguro que...	No puedo creer que...

¡Acción! 5   Preocupaciones de la sociedad

Escoge dos temas a continuación y escribe de quince a veinticinco palabras sobre cada uno.

1. Nombra dos derechos humanos que consideras esenciales y explica por qué son esenciales.
2. Nombra dos factores políticos, sociales o económicos que contribuyen al analfabetismo y ofrece unas ideas para solucionarlo.
3. Nombra tres actividades que, en tu opinión, son importantes para ser un ciudadano responsable. ¿Las haces? Explica.
4. ¿Qué problema de la sociedad te preocupa más? ¿Es un problema político? ¿social? ¿económico? ¿religioso? ¿medioambiental? ¿Por qué te preocupa?

tema: _____

_____

_____

_____

_____

_____

tema: _____

_____

_____

_____

_____

_____

¡Acción! 6   ¿Cómo mejorar la enseñanza?

Muchos políticos y ciudadanos creen que el sistema de educación pública en este país tiene muchos problemas. ¿Estás de acuerdo? Completa las oraciones para expresar tus ideas sobre cómo proporcionar una educación de alta calidad a todos los ciudadanos.

MODELO: Es necesario que… → Es necesario que les paguen más a los maestros.

1. Recomiendo que… _____

2. Es necesario que… _____

3. Yo digo que… _____

4. No permito que… _____

5. Sugiero que… _____

6. No recomiendo que… _____

Lo que nos espera

OBJETIVOS

IN THIS FINAL LESSON, YOU WILL CONTINUE TO PRACTICE:

▶ talking about professions

▶ using the future tense to talk about events in the future

▶ talking about traits useful or necessary for particular jobs

▶ talking about what you are looking for in someone or something using the subjunctive with indefinite and nonexistent antecedents

▶ discussing what your own future aspirations are

▶ talking about future time events with the subjunctive

Vocabulario

Las profesiones

Professions

Actividad A ¿Qué profesión?

Escucha cada una de las descripciones e indica el campo laboral (*field*) correspondiente. Vas a oír las descripciones dos veces.

1. ☐ la ingeniería   ☐ los servicios psicológicos
2. ☐ el derecho   ☐ los negocios
3. ☐ los servicios médicos   ☐ los servicios sociales
4. ☐ la contabilidad   ☐ el arte
5. ☐ las ciencias   ☐ el mercadeo
6. ☐ la enseñanza   ☐ la arquitectura
7. ☐ la computación   ☐ el gobierno
8. ☐ los negocios   ☐ los servicios sociales

Actividad B ¿Qué es?

Lee cada una de las descripciones e indica la profesión correspondiente.

1. Se encarga de diseñar edificios para que otras personas los construyan.

   a. el hombre (la mujer)   **b.** el/la arquitecto/a   **c.** el/la escultor(a) de negocios

2. Sus clientes generalmente son personas pobres que tienen problemas relacionados con las drogas y el alcohol o la vivienda.

   a. el/la trabajador(a) social   **b.** el/la juez(a)   **c.** el/la diseñador(a) de sitios

3. Cuando se hace una película, la visión artística de esta persona es la más importante.

   a. el actor (la actriz)   **b.** el/la director(a)   **c.** el/la productor(a)

4. Esta persona ayuda a calcular los gastos e ingresos de un negocio.

   a. el/la contador(a)   **b.** el/la ingeniero/a   **c.** el/la programador(a)

5. Esta persona combate en el campo de batalla. Al terminar su servicio se le llama veterano.

   a. el/la veterinario/a   **b.** el/la senador(a)   **c.** el soldado (la mujer soldado)

6. Esta persona les ofrece atención médica a los animales.

   a. el/la técnico/a   **b.** el/la bibliotecario/a   **c.** el/la veterinario/a

7. Esta persona practica el derecho.

   a. el/la político   **b.** el/la abogado/a   **c.** el/la diseñador(a) de sitios

8. Esta persona enseña en la escuela o en la universidad.

   a. el/la periodista   **b.** el/la terapeuta   **c.** el/la profesor(a)

Actividad C   ¿Cierto o falso?

Indica si cada una de las siguientes definiciones es cierta o falsa.

	CIERTO	FALSO
1. Un escultor es un artista que representa un concepto en tres dimensiones.	☐	☐
2. Un contador trabaja en mercadeo.	☐	☐
3. Un periodista está interesado en lo que pasa en el mundo.	☐	☐
4. Un programador trabaja en computación.	☐	☐
5. Una senadora trabaja en ingeniería.	☐	☐
6. Un veterinario está interesado en el cuerpo humano.	☐	☐
7. Un farmacéutico trabaja en el campo médico.	☐	☐
8. Una abogada está interesada en derecho.	☐	☐
9. Una jueza se encarga de las cuentas y el presupuesto de una compañía.	☐	☐
10. Un analista de sistemas ayuda a sus clientes con problemas emocionales y mentales.	☐	☐

Go to page 137 to complete ¡Acción! 1.

Gramática

¿Qué pasará?   Introduction to the Future Tense

Actividad D   El futuro

Lee cada una de las declaraciones a continuación e indica el personaje correspondiente de *Sol y viento*.

1. _____ Nunca podrá volver a vivir o trabajar en la viña.

2. _____ Regresará a México pronto.

3. _____ Seguirá trabajando en la viña como antes.

4. _____ Se quedará en Chile por tiempo indeterminado.

5. _____ Visitará a Jaime de vez en cuando.

6. _____ Estará de mejor salud pronto (así esperamos).

7. _____ Tendrá que participar más en los negocios de la viña.

a. Carlos
b. doña Isabel
c. Jaime
d. María
e. Mario
f. don Paco
g. Traimaqueo

Actividad E   Mi propio futuro

Listen to what Emilio says about his own future. Then indicate whether the following statements are logical or not. You can listen more than once if you like.

	LÓGICO	ILÓGICO
1. Emilio se irá a vivir en otro estado.	☐	☐
2. Emilio ganará mucho dinero en su nuevo trabajo.	☐	☐
3. Tendrá que alquilar un camión *U-Haul* pronto.	☐	☐
4. Algunos de sus nuevos vecinos tendrán perros o gatos.	☐	☐
5. Muchas personas dependerán de Emilio en su trabajo.	☐	☐
6. Emilio viajará mucho fuera del estado por su trabajo.	☐	☐

Go to page 137 to complete ¡Acción! 2.

SEGUNDA PARTE

Vocabulario

Características necesarias y preferidas en el mundo laboral

Required and Preferred Characteristics in the Workplace

Actividad A   ¿Qué es?

Lee cada descripción y luego indica la respuesta más lógica.

1. Con relación a las computadoras y la programación, Manuel es un genio. Si tienes un problema, él es la persona a quien debes llamar. Manuel…

   a. es hábil para la tecnología.   **b.** tiene don de gentes.

2. María siempre cumple con los trabajos que le dan. Cuando es necesario terminar una tarea, María se queda en la oficina hasta muy tarde. María…

   a. es empresaria.   **b.** es aplicada.

3. Dicen que Roberto hace más en un día que los otros empleados (*employees*). Es capaz de hablar por teléfono y escribir mensajes a la vez. Puede trabajar en varios proyectos simultáneamente. Es increíble la cantidad de trabajo que hace. Roberto...

a. es muy comprensivo. b. maneja varias cosas a la vez.

4. Gloria es la candidata ideal para el puesto de supervisora. Todos la estiman mucho y es evidente que sabe comunicarse bien con los demás. Tiene don de gentes. Gloria...

a. se lleva bien con los demás. b. tiene buen sentido del humor.

5. Aunque Marcos quiere tener futuro en la compañía, la verdad es que no es muy hábil para las matemáticas. También tiene dificultad en manejar varios proyectos a la vez. Además, no sabe comunicarse bien con sus colegas. Es aplicado, pero...

a. sus destrezas son limitadas. b. no tiene mucha experiencia.

Actividad B Entrevista

Paso 1 Escucha la entrevista y complétala con las palabras y expresiones que oyes.

SUPERVISORA: Bueno, señor Pérez, dígame cómo se describe Ud. y lo que podría ofrecerle a nuestro grupo.

PÉREZ: En primer lugar, soy capaz de _____ [1] _____ [2] _____ [3] _____ [4] _____ [5] _____ [6]. También, no me gusta esperar hasta que me den algo para hacer. Si termino un proyecto, en seguida[a] busco otra cosa que hacer.

SUPERVISORA: Bien. ¿Qué le parece la idea de _____ [7] _____ [8] _____ [9] _____ [10]? ¿Le gusta ser supervisor?

PÉREZ: Tengo experiencia para ser buen supervisor. Me comunico bien con los demás... y creo que es importante saber _____,[11] _____ [12] _____ [13] y cooperar con los demás. Me gusta ayudar a los otros para que hagan bien su trabajo.

SUPERVISORA: Muy bien. Hábleme un poco de sus _____ [14] para este puesto.

PÉREZ: Bueno, _____ [15] _____ [16] _____ [17] las matemáticas. Conozco Excel muy bien y tengo experiencia en varios programas de estadística.[b] Aquí traigo un informe[c] que hice para la compañía con la que trabajaba antes...

SUPERVISORA: Muy bien...

[a]en... *right away* [b]*statistics* [c]*report*

Paso 2 Revisa la entrevista. Indica cuáles de las siguientes ideas te parecen lógicas según lo que sabes del señor Pérez.

☐ a. Se lleva bien con los demás.
☐ b. No es muy aplicado.
☐ c. Es hábil para el inglés.
☐ d. Es capaz de ser supervisor de un grupo.

Go to page 137 to complete **¡Acción! 3.**

Gramática

Buscamos alguien que sea empresario.

Actividad C   Observaciones

Indicate the most logical conclusion for each sentence, according to the context.

1. Los estudiantes buscan profesores que...

   a. sean justos.   b. no estén en su oficina.   c. den exámenes difíciles.

2. Los niños necesitan padres que...

   a. les griten.   b. los quieran.   c. se peleen en casa.

3. No hay ningún político en los Estados Unidos que...

   a. pueda satisfacer a todos.   b. hable español.   c. viva en Washington.

4. Los empleados prefieren tener un trabajo que...

   a. esté lejos de casa.   b. requiera horas extras.   c. ofrezca buenos beneficios.

5. Los jefes (bosses) buscan empleados que...

   a. hagan errores.   b. lleguen tarde.   c. resuelvan conflictos.

Actividad D   Necesito alguien que...

You will hear the beginning of a series of sentences. For each one choose the phrase that best completes it. You will hear each phrase twice.

1. a. tiene don de gentes.   b. tenga don de gentes.

2. a. saben utilizar ese programa.   b. sepan utilizar ese programa.

3. a. tiene esas destrezas.   b. tenga esas destrezas.

4. a. se comunica bien con los demás.   b. se comunique bien con los demás.

5. a. es buen empresario.   b. sea buen empresario.

6. a. tiene experiencia en eso.   b. tenga experiencia en eso.

7. a. dirigen bien a los demás.   b. dirijan bien a los demás.

8. a. es la más comprensiva de todas.   b. sea la más comprensiva de todas.

Actividad E   Opciones

First, read the two possible phrases to begin a sentence. Then listen to the end of the sentence and indicate the correct beginning phrase. You will hear the end of each sentence twice.

1. ☐ Tengo un compañero de clase que...

   ☐ Necesito un compañero de clase que...

2. ☐ Existe una mascota que...

   ☐ No quiero una mascota que...

3. ☐ Conozco a un profesor que…

☐ No hay ningún profesor que…

4. ☐ No hay ningún restaurante que…

☐ Voy a un restaurante que…

5. ☐ Es una persona que…

☐ Busco una persona que…

6. ☐ Tengo un amigo que…

☐ No quiero un amigo que…

Go to page 138 to complete ¡Acción! 4.

TERCERA PARTE

Vocabulario

Mis metas personales

Future Aspirations

Actividad A   Las descripciones

Empareja la actividad que escuchas con la explicación correspondiente. Vas a oír las actividades dos veces.

1. _____
2. _____
3. _____
4. _____
5. _____
6. _____
7. _____
8. _____

a. porque necesitan una casa más grande.
b. porque estoy enamorado.
c. porque todavía es muy joven y necesita ahorrar más dinero.
d. porque tomé clases extras cada semestre.
e. porque es necesario para su carrera.
f. porque todavía es estudiante con poco dinero.
g. porque soy una persona determinada.
h. porque no tiene un plan.

Actividad B Aspiraciones y metas

Lee las aspiraciones y metas de una persona de 18 años. Indica si cada aspiración o meta es de largo plazo o de corto plazo. Si puede ser las dos cosas, marca las dos cajitas (*boxes*).

		DE LARGO PLAZO	DE CORTO PLAZO
1.	tener mucho éxito en un examen	☐	☐
2.	sacar un doctorado	☐	☐
3.	cambiarse de casa	☐	☐
4.	no tener hijos hasta que se case	☐	☐
5.	jubilarse	☐	☐
6.	lograr manejar bien su dinero	☐	☐

Actividad C ¡Busca el intruso!

Indica la palabra o expresión que *no* pertenece al grupo.

1. _____ **a.** el triunfo   **b.** la meta   **c.** el deseo

2. _____ **a.** lograr   **b.** alcanzar   **c.** jurar

3. _____ **a.** el doctorado   **b.** de corto plazo   **c.** la maestría

4. _____ **a.** mudarse   **b.** instalarse   **c.** jubilarse

5. _____ **a.** jurar   **b.** realizar   **c.** tener éxito

6. _____ **a.** lograr   **b.** triunfar   **c.** fracasar

7. _____ **a.** jurar   **b.** enamorarse   **c.** casarse

8. _____ **a.** prometer   **b.** alcanzar una meta   **c.** jurar

 Go to page 138 to complete ¡Acción! 5.

Gramática

No estaré contento hasta que...

Subjunctive with Future
Time Events

 Actividad D   ¿De costumbre o en el futuro?

You will hear a series of phrases that are the second half of a sentence. For each one, indicate which clause could begin the sentence. You will hear the phrases twice.

1. ☐ Estudio...   ☐ Estudiaré...

2. ☐ Llamo a Ángela...   ☐ Llamaré a Ángela...

3. ☐ Salgo corriendo...   ☐ Saldré corriendo...

4. ☐ Limpio la casa...   ☐ Limpiaré la casa...

5. ☐ Pagamos las cuentas...   ☐ Pagaremos las cuentas...

6. ☐ Sigo trabajando...   ☐ Seguiré trabajando...

Actividad E   Correspondencias

Indicate the correct phrase to complete each sentence.

1. _____ Estudiaré esta lección hasta que...

2. _____ Pienso casarme después de que...

3. _____ Me graduaré tan pronto como...

4. _____ Hablaré español bien en cuanto...

5. _____ Me jubilaré después de que...

a. entregue la revisión de mi tesis.
b. la entienda bien.
c. volvamos de nuestro viaje a Venezuela.
d. mis hijos se gradúen de la universidad.
e. mi novia y yo tengamos una carrera y dinero en el banco.

Go to page 138 to complete ¡Acción! 6.

▲ ¡A escuchar!

Actividad A   Expectativas (*Expectations*)

Paso 1   Escucha un segmento de la conversación entre Paco, Isabel y María sobre el futuro de la viña. Escucha el segmento y luego contesta las siguientes preguntas.

1. ¿Qué quiere Paco?

   a. Quiere que María se haga cargo del (*take charge of*) negocio.

   b. Quiere que María venda su parte del negocio.

2. Al oír lo que dice Paco, María...

   a. muestra duda.

   b. se enoja.

Paso 2   Escucha el segmento de nuevo. Basándote en el contexto, contesta la siguiente pregunta: ¿Cuál es el significado de **comprometida?**

   a. involved   **b.** disengaged

Actividad B   Rumores

Paso 1   En el **Episodio 9,** unos vecinos le preguntan a Isabel sobre unos rumores acerca de la viña «Sol y viento». Escucha el segmento y luego contesta las siguientes preguntas.

1. ¿Qué actitud demuestran (*show*) los vecinos al hacer sus preguntas?

   a. Están contentos.   **b.** Están preocupados.

2. Cuando doña Isabel les contesta, ¿cuál es su actitud?

   a. Está firme y tranquilizadora (*reassuring*).   **b.** Está sorprendida y perpleja.

Paso 2   Escucha el segmento de nuevo y contesta las siguientes preguntas sobre el uso del lenguaje.

1. ¿Cuál es el equivalente de **qué hay** cuando habla la vecina?

   a. are there?   **b.** what about?

2. ¿Qué palabra puede sustituirse (*be substituted*) por **así** cuando habla el vecino?

   a. semejante (*similar*)   **b.** diferente

Para escribir

Antes de escribir

Recuerda que la machi comenzó la película narrando una historia y la voz del narrador dice: *She speaks of how the gods seek to keep harmony on the earth.* Según esta idea, las varias resoluciones, incluyendo las relaciones entre Jaime y María, son manipuladas por los espíritus. En esta actividad, vas a escribir sobre la «intervención» de los espíritus en las relaciones entre Jaime y María.

Paso 1 Haz una lista de todas las apariencias del «hombre misterioso». ¿Recuerda quién es? Es el que aparece y desaparece en el prólogo. Puedes trabajar con un compañero (una compañera). Sigue el modelo.

	LUGAR O ESCENA	LO QUE HIZO	CONSECUENCIA
MODELO:	el Parque Forestal	Le vendió un papelito de la suerte a Jaime.	Jaime, por estar distraído, se chocó con María.

Paso 2 Ahora piensa en cómo vas a comenzar tu composición. ¿Con una pregunta? ¿con una oración? Compara los siguientes comienzos para estimular tus ideas.

MODELOS: ¿Has pensado alguna vez en que lo que te pasa se debe al destino? ¿Hay «otro mundo» que nos observa y que asegura que todo resulte de una manera y no otra? Esta es la premisa de *Sol y viento*.

Desde épocas remotas el hombre siempre ha creído en algo llamado «el destino». Predeterminado por un plan divino o por otras fuerzas, uno no crea su destino; el destino le toca. Esta es la premisa de *Sol y viento*.

A escribir

Paso 1 Usa las ideas de **Antes de escribir** para escribir un borrador en una hoja de papel aparte.

Paso 2 Repasa bien lo que has escrito. ¿Quieres agregar oraciones para hacer la narración más interesante?

Paso 3 Intercambia tu composición con la de un compañero (una compañera) de clase. Revisa los siguientes puntos.

☐ el significado y el sentido en general

☐ la concordancia entre sustantivo y adjetivo

☐ la concordancia entre sujeto y verbo

☐ la ortografía

Al entregar la composición

Usa los comentarios de tu compañero/a de clase para escribir una versión final de tu composición. Repasa los siguientes puntos sobre el lenguaje y luego entrégasela a tu profesor(a).

☐ el uso correcto del pretérito y del imperfecto

☐ el uso correcto del subjuntivo

☐ el uso correcto de palabras de transición

🎬 ¡Acción!

¡Acción! 1   ¿Qué carrera debo seguir?

Escoge seis profesiones u oficios y compáralos con otros.

> MODELO: Un director puede gritarles a sus actores cuando pierde su paciencia, pero un profesor tiene que tener paciencia con sus estudiantes.

1. _____
2. _____
3. _____
4. _____
5. _____
6. _____

¡Acción! 2   ¿Tendremos una mujer presidente?

Escribe cinco pronósticos (*predictions*) sobre lo que pasará en tu vida o en la sociedad en general. Usa cinco verbos diferentes.

1. _____
2. _____
3. _____
4. _____
5. _____

¡Acción 3!   Mis características personales

Utilizando el vocabulario nuevo y otras expresiones, escribe un párrafo de unas cincuenta palabras para describir tus propias características. Ideas: ¿Tienes don de gentes? Por lo general, ¿te llevas bien con todos o sólo con ciertas personas? ¿Para qué eres hábil?

_____

_____

_____

_____

_____

_____

_____

_____

¡Acción! 4   El supervisor (La supervisora)

Escribe seis oraciones sobre el tipo de supervisor(a) que deseas o no deseas tener. Sigue el modelo y usa verbos de la lista. Puedes usar uno de los verbos dos veces.

buscar   desear   necesitar   preferir   querer

MODELO: Quiero un supervisor que sea comprensivo.

1. _____

2. _____

3. _____

4. _____

5. _____

6. _____

¡Acción! 5   Mis metas personales

Describe tus metas de largo plazo en un párrafo de veinticinco a cincuenta palabras. Usa el vocabulario de esta sección.

_____

_____

_____

_____

_____

_____

_____

¡Acción! 6   ¿Qué pasará?

Contesta las siguientes preguntas sobre tu futuro.

1. ¿Cuándo buscarás trabajo?

   _____

2. ¿Qué cosas harás antes de que termines tus estudios?

   _____

3. ¿Cuándo habrá una mujer presidente en este país?

   _____

4. ¿Qué cosas no podrás hacer hasta que te gradúes?

   _____

5. ¿Cuándo crees que te jubilarás?

   _____

Appendix 1

Lección 4A, which appears near the end of the first volume of the Manual de actividades, *has been included here for instructors whose classes may not have completed this lesson in the first term.*

Cuando no trabajo...

OBJETIVOS

IN THIS LESSON, YOU WILL CONTINUE TO PRACTICE:

▶ talking about pastimes and leisure activities

▶ talking about sports and fitness activities

▶ talking about special occasions and holidays

▶ talking about activities in the past using the preterite tense

Vocabulario

El tiempo libre
Leisure Activities

Actividad A Descripciones

Escucha los verbos y empareja cada uno con la descripción correspondiente. Vas a oír cada verbo dos veces.

1. _____ Es el acto de hacer figuras e imágenes con un lápiz y una hoja de papel.

2. _____ Es una actividad de concentración y descanso (*rest*) mental.

3. _____ Es participar en un juego de estrategia.

4. _____ Es una actividad que consiste en pasar la vista por (*to look over*) lo escrito en un libro, un periódico u otro texto.

5. _____ Se hace esto cuando sólo se tiene un poco de hambre.

6. _____ Necesitas ritmo y coordinación para hacer esto bien.

7. _____ Esta actividad consiste en preparar comida.

8. _____ Esto se hace en Blockbuster o con Netflix.

Actividad B Asociaciones

Empareja cada verbo con el objeto correspondiente.

1. _____ pintar
2. _____ leer
3. _____ cocinar
4. _____ andar
5. _____ tocar
6. _____ jugar
7. _____ dar

a. en bicicleta
b. fiestas
c. el piano
d. un retrato (*portrait*)
e. la cena
f. al ajedrez
g. un libro

Actividad C   ¿Cierto o falso?

Indica si cada una de las siguientes oraciones es cierta o falsa.

		CIERTO	FALSO
1.	Meditar no es una actividad social, por lo general.	☐	☐
2.	Andar en bicicleta no es una actividad física.	☐	☐
3.	No es posible sacar un DVD en la biblioteca.	☐	☐
4.	El ajedrez es un juego estratégico.	☐	☐
5.	Tocar el piano no es una actividad artística.	☐	☐
6.	Dar un paseo es una actividad sedentaria.	☐	☐
7.	Picar la comida es comer mucho.	☐	☐
8.	Bailar bien requiere mucha coordinación.	☐	☐

Go to page A–13 to complete **¡Acción! 1.**

Gramática

Lo pasé muy bien.   Preterite Tense of Regular **-ar** Verbs

Actividad D   ¿Él o yo?

Listen to each sentence, then indicate if the verb used is in the **yo** or **él** form of the present or preterite tense. You will hear each sentence twice.

	YO: PRESENTE	ÉL: PRESENTE	YO: PRETÉRITO	ÉL: PRETÉRITO
1.	☐	☐	☐	☐
2.	☐	☐	☐	☐
3.	☐	☐	☐	☐
4.	☐	☐	☐	☐
5.	☐	☐	☐	☐
6.	☐	☐	☐	☐
7.	☐	☐	☐	☐
8.	☐	☐	☐	☐

Actividad E   ¿Quién?

Listen to each sentence. First, circle the subject of the sentence. Then indicate whether the written statement is a logical conclusion of what you heard (**lógico**) or not (**ilógico**). You will hear each sentence twice.

			LÓGICO	ILÓGICO
1.	**a.** yo **b.** tú **c.** un amigo	A la persona le gusta comer.	☐	☐
2.	**a.** yo **b.** tú **c.** un amigo	La persona es introvertida.	☐	☐
3.	**a.** nosotros **b.** otras personas	A las personas les gusta el arte.	☐	☐
4.	**a.** nosotros **b.** otras personas	A las personas no les gustan las actividades acuáticas.	☐	☐
5.	**a.** yo **b.** tú **c.** un amigo	La persona no está contenta con lo que hizo (*did*).	☐	☐
6.	**a.** yo **b.** tú **c.** un amigo	La persona desea ser artista.	☐	☐
7.	**a.** yo **b.** tú **c.** un amigo	Ahora la casa es de otro color.	☐	☐
8.	**a.** yo **b.** tú **c.** un amigo	La persona es introvertida.	☐	☐

Actividad F   ¿Yo u otra persona?

For each activity below, indicate whether the subject is **yo** or **otra persona.** For each statement that is about someone else, write the name of the famous person described.

		YO	OTRA PERSONA
1.	Pintó la *Mona Lisa.*	☐	☐ _____
2.	Estudié esta semana.	☐	☐ _____
3.	Navegó desde España hasta América.	☐	☐ _____
4.	Hablé con un buen amigo.	☐	☐ _____
5.	Caminó en la luna.	☐	☐ _____
6.	Ayudó a Orville Wright.	☐	☐ _____

Go to page A–13 to complete **¡Acción! 2.**

SEGUNDA PARTE

Vocabulario

El ejercicio y el gimnasio

Sports and Fitness

Actividad A Las actividades

Escucha las actividades y empareja cada una con la descripción correspondiente.

1. _____ Es como correr o trotar (*jogging*), pero no tan rápido.

2. _____ En este deporte no se permite usar las manos. Requiere mucha agilidad.

3. _____ Es lo que hacen las personas que quieren fortalecer (*strengthen*) sus músculos.

4. _____ Esta actividad se hace en la nieve o sobre el agua.

5. _____ Para hacer esta actividad se necesita una bicicleta.

6. _____ Esta actividad se hace en el agua. Se necesita un traje de baño.

7. _____ Es un ejercicio aeróbico y es una buena manera de quemar calorías.

8. _____ Es lo que hace Tiger Woods como profesión.

Actividad B Los deportes

Indica la respuesta correcta.

1. Muchas personas juegan este deporte en un club privado.

   a. fútbol   **b.** golf   **c.** correr

2. Esta actividad se puede hacer en una piscina o en un lago (*lake*).

   a. caminar   **b.** tenis   **c.** nadar

3. Para esta actividad se necesitan una pelota (*ball*) y una red (*net*).

   a. vóleibol   **b.** nadar   **c.** levantar pesas

4. Para llegar a ser (*To become*) «Mr. Universe», tienes que hacer esto.

   a. caminar   **b.** levantar pesas   **c.** esquiar

5. Puede ser estacionario o no.

   a. hacer ciclismo   **b.** nadar   **c.** levantar pesas

6. En un juego entre dos personas, cuando una gana, ¿qué hace la otra?

   a. Suda.   **b.** Pierde.   **c.** Compite.

7. Puede ser aeróbico o no.

   a. ganar   **b.** hacer ejercicio **c.** perder

Actividad C   ¿Cierto o falso?

Indica si cada una de las siguientes oraciones es cierta o falsa.

		CIERTO	FALSO
1.	Tienes que ser muy joven para jugar al golf.	☐	☐
2.	Correr es una actividad aeróbica.	☐	☐
3.	En un partido, puedes ganar o puedes perder.	☐	☐
4.	Se puede nadar en la nieve.	☐	☐
5.	Si haces ejercicio aeróbico, vas a sudar.	☐	☐
6.	El vóleibol es un deporte popular en la playa (*beach*).	☐	☐
7.	Esquiar puede ser una actividad acuática.	☐	☐
8.	Caminar no es una actividad acuática.	☐	☐

Go to page A–13 to complete **¡Acción! 3.**

Gramática

Volví tarde.   Preterite of Regular **-er** and **-ir** Verbs

Actividad D   ¿Presente o pretérito?

Read each statement and indicate whether the verb is in the present or preterite tense.

		PRESENTE	PRETÉRITO
1.	Volvimos a tiempo.	☐	☐
2.	Conocimos al profesor.	☐	☐
3.	Hacemos ciclismo.	☐	☐
4.	Perdimos el partido.	☐	☐
5.	Leemos mucho.	☐	☐
6.	Comimos tarde.	☐	☐
7.	Bebimos vino.	☐	☐
8.	No creemos eso.	☐	☐

Actividad E ¿A quién se refiere?

Listen to each statement and indicate to whom it refers. Pay attention to the verb endings. You will hear each statement twice.

1. _____
2. _____
3. _____
4. _____
5. _____
6. _____

a. yo (*the speaker*)
b. tú (*the listener*)
c. tu compañero de clase
d. mi familia y yo
e. tú y tus compañeros (*in Spain*)
f. tus hermanos

Actividad F ¿Quién?

Listen to each sentence. First, circle the subject of the sentence. Then indicate whether the written statement is a logical conclusion of what you heard (**lógico**) or not (**ilógico**). You will hear each sentence twice.

			LÓGICO	ILÓGICO
1.	a. yo b. tú c. un amigo	La persona sudó.	☐	☐
2.	a. yo b. tú c. un amigo	La persona quemó muchas calorías.	☐	☐
3.	a. yo b. tú c. un amigo	La persona salió por la noche.	☐	☐
4.	a. yo b. tú c. un amigo	La persona no sabe leer.	☐	☐
5.	a. nosotros b. otras personas	No les gustan las bebidas alcohólicas.	☐	☐
6.	a. nosotros b. otras personas	Otra persona enseñó algo.	☐	☐
7.	a. yo b. tú c. un amigo	Ahora no puede pagar sus cuentas.	☐	☐
8.	a. nosotros b. otras personas	El otro equipo ganó más puntos.	☐	☐

Go to page A-14 to complete ¡Acción! 4.

Vocabulario

¿Cuándo celebras tu cumpleaños?

Special Occasions
and Holidays

Actividad A   Los días festivos

Escucha los nombres de los días festivos y empareja cada uno con la descripción correspondiente. Vas a oír cada día festivo dos veces.

1. _____ Es la última noche del año.

2. _____ Es una fiesta religiosa para los judíos. A veces coincide con la Navidad. Otro nombre para esta celebración es el Jánuka.

3. _____ Es un día para los románticos. También se llama el Día de los Enamorados.

4. _____ Es una fiesta religiosa para los cristianos que normalmente se celebra en abril.

5. _____ Es un día importante para los irlandeses (*Irish*). Se celebra en marzo y muchas personas llevan ropa verde.

6. _____ Es un día en el que se reúne la familia en los Estados Unidos. Todos comen mucho pavo y miran partidos de fútbol americano.

7. _____ A muchas personas les gusta ir a Nueva Orleáns o a Río de Janeiro para celebrar esta fiesta. Hay celebraciones tremendas.

8. _____ Es la noche antes de la Navidad.

Actividad B   ¿Norte o sur?

Indica si las siguientes oraciones se refieren al hemisferio norte (N) o al hemisferio sur (S).

		N	S
1.	Celebran la Navidad en verano.	☐	☐
2.	Celebran la Pascua en la primavera.	☐	☐
3.	Celebran el Martes de Carnaval en otoño.	☐	☐
4.	Celebran la Nochebuena en invierno.	☐	☐
5.	Celebran el Día de San Valentín en verano.	☐	☐
6.	Celebran la Noche Vieja en verano.	☐	☐
7.	Celebran el Día de Acción de Gracias en otoño.	☐	☐

Actividad C   Asociaciones

Indica el concepto que *no* se asocia con el día festivo.

1. la Navidad

   a. los regalos   **b.** el color azul   **c.** canciones (*songs*) especiales

2. la Pascua

   a. la primavera   **b.** los huevos   **c.** el color rojo

3. el Día de San Patricio

   a. los irlandeses   **b.** el color verde   **c.** la ropa nueva

4. el Día de Acción de Gracias

   a. el pavo y el jamón   **b.** los regalos   **c.** la familia

5. la Fiesta de las Luces

   a. la primavera   **b.** canciones especiales   **c.** los regalos

6. la Noche Vieja

   a. el champán   **b.** el brindis   **c.** el verano

    Go to page A–14 to complete ¡**Acción! 5.**

Gramática

¿Qué hiciste?   Irregular Preterite Forms

Actividad D   ¿Él o yo?

Listen to each sentence, then indicate if the verb used is in the **yo** or **él** form of the present or preterite tense. You will hear each sentence twice.

	YO: PRESENTE	ÉL: PRESENTE	YO: PRETÉRITO	ÉL: PRETÉRITO
1.	☐	☐	☐	☐
2.	☐	☐	☐	☐
3.	☐	☐	☐	☐
4.	☐	☐	☐	☐
5.	☐	☐	☐	☐
6.	☐	☐	☐	☐
7.	☐	☐	☐	☐
8.	☐	☐	☐	☐

Actividad E   En el tiempo libre

Match the correct verb to complete each sentence about the things different people did in their free time yesterday.

1. Yo _____ en bicicleta por dos horas.

2. Carlos _____ ejercicio aeróbico.

3. Nina y Javier _____ al teatro.

4. Anita y yo _____ un paseo.

5. Uds. _____ cinco DVDs de películas españolas a casa.

6, 7. Pedro _____ que tú no _____ nada.

8. Bárbara _____ en el gimnasio todo el día.

a. dimos
b. hizo
c. fueron
d. anduve
e. hiciste
f. estuvo
g. trajeron
h. dijo

 ## Actividad F   ¿Quién?

Listen to each sentence. First, circle the subject of the sentence. Then indicate whether the written statement is a logical conclusion of what you heard (**lógico**) or not (**ilógico**). You will hear each sentence twice.

			LÓGICO	ILÓGICO
1.	a. yo b. tú c. un amigo	Los amigos fueron también.	☐	☐
2.	a. yo b. tú c. un amigo	Ahora la persona lo siente (*regrets it*).	☐	☐
3.	a. yo b. tú c. un amigo	La persona es pragmática.	☐	☐
4.	a. nosotros b. otras personas	Todos los demás saben guardar (*to keep*) un secreto.	☐	☐
5.	a. yo b. tú c. un amigo	Al final la persona dijo algo.	☐	☐
6.	a. yo b. tú c. otra persona	La persona es padre.	☐	☐

Go to page A–14 to complete ¡Acción! 6.

¡A escuchar!

Actividad A ¿Pasión?

Paso 1 Escucha un segmento de la conversación entre Jaime y Traimaqueo cuando pasean (*they stroll*) por la bodega (*wine cellar*). Llena los espacios en blanco con las palabras o frases que oyes.

JAIME: ____________[1] ____________,[2] señor. Es ____________[3] su pasión por la viña.

TRAIMAQUEO: ¿Pasión? ____________[4] ____________.[5] Pero nací[a] en estos terrenos[b] y me enterrarán[c] en estos terrenos, señor. ¿No es así como debe ____________[6]?

[a]*I was born* [b]*lands* [c]*they will bury*

Paso 2 Indica si las siguientes oraciones son ciertas o falsas.

	CIERTO	FALSO
1. Jaime cree que Traimaqueo tiene mucha pasión por la viña.	☐	☐
2. Traimaqueo no nació (*wasn't born*) en los terrenos donde trabaja.	☐	☐

Actividad B ¿Qué hace aquí?

Paso 1 Escucha el segmento en que Jaime se encuentra con (*runs into*) María en el mercado de artesanías (*crafts*). Luego, contesta las siguientes preguntas.

1. ¿Cómo describe Jaime el encuentro con María?
   a. una feliz casualidad (*happy coincidence*) **b.** un mal encuentro
2. ¿Cómo se siente María cuando ve a Jaime?
   a. feliz **b.** confundida (*confused*)

Paso 2 Escucha el segmento de nuevo. Basándote en el contexto, contesta las siguientes preguntas.

1. Cuando María le dice a Jaime: «¿Qué hace aquí? ¿Me anda siguiendo (*Are you following me*)?», ¿está bromeando (*joking*) o está hablando en serio? ______________________
2. ¿Qué frase de tres palabras significa *at least?* ______________________

🎬 ¡Acción!

¡Acción! 1   En los ratos libres

Escribe cinco oraciones sobre lo que te gusta hacer en tus ratos libres.

1. _____
2. _____
3. _____
4. _____
5. _____

¡Acción! 2   ¿Qué hiciste?

Contesta las siguientes preguntas sobre la última fiesta a la que asististe. Escribe oraciones completas.

1. ¿Lo pasaste muy bien?

_____

2. ¿Te rozaste con la gente?

_____

3. ¿Quiénes bailaron?

_____

4. ¿Sólo picaste la comida o comiste bien?

_____

5. ¿Tocaron música muy buena?

_____

¡Acción! 3   Los deportes

Escribe un párrafo de veinticinco a cincuenta palabras sobre los deportes que te gusta jugar, los deportes que te gusta observar y los deportes que no te gustan para nada (*at all*).

_____
_____
_____
_____
_____
_____
_____

¡Acción! 4   Anoche

Usa los verbos de la lista para escribir oraciones que describen lo que las personas indicadas hicieron o no hicieron anoche.

aprender	comer	leer	ver
beber	correr	salir	volver

YO

1. _____

2. _____

EL PROFESOR (LA PROFESORA)

3. _____

4. _____

MIS COMPAÑEROS DE CLASE

5. _____

6. _____

¡Acción! 5   Los días festivos

Escribe cinco oraciones sobre cinco días festivos diferentes.

1. _____

2. _____

3. _____

4. _____

5. _____

¡Acción! 6   La semana pasada

Contesta las preguntas sobre la semana pasada. Escribe oraciones completas.

1. ¿Fuiste a algún lugar en especial? ¿Con quién fuiste?

   _____

2. ¿Cuántas páginas del libro de español tuvieron Uds. que estudiar y/o preparar?

   _____

3. ¿Hiciste preguntas en alguna clase?

   _____

4. ¿Alguien dijo algo cómico en alguna clase?

   _____

5. ¿Pudiste terminar todas las tareas antes de ir a clases?

   _____

Appendix 2

Lección 4B, which concludes the first volume of the Manual de actividades, *has been included here for instructors whose classes may not have completed this lesson in the first term.*

4B

En casa

OBJETIVOS

IN THIS LESSON, YOU WILL CONTINUE TO PRACTICE:

▶ talking about dwellings and buildings

▶ talking about activities in the past tense with stem-changing **-ir** verbs in the preterite

▶ talking about rooms, furniture, and other items found in a house

▶ using reflexive pronouns to talk about what people do to and for themselves

▶ describing typical household chores

▶ identifying distinctions between **por** and **para**

Vocabulario

¿Dónde vives?

Actividad A   Descripciones

Escucha las palabras y frases y empareja cada una con la descripción correspondiente. Vas a oír cada palabra o frase dos veces.

1. _____ Es una persona que alquila un apartamento.

2. _____ Es un apartamento que se compra.

3. _____ Todos tus vecinos y tú viven allí.

4. _____ Si vives en un apartamento, puedes hacer una barbacoa allí.

5. _____ El edificio es de esta persona.

6. _____ Es el cuarto o el edificio donde trabaja una persona.

7. _____ Si vives aquí, probablemente eres estudiante.

8. _____ Si no compras tu casa, tienes que pagar esto cada mes.

Actividad B   ¿Cierto o falso?

Indica si cada una de las siguientes oraciones es cierta o falsa.

	CIERTO	FALSO
1. El portero es la persona que comparte un cuarto contigo (*with you*).	☐	☐
2. Las personas que viven en la misma zona son vecinos.	☐	☐
3. Las viviendas con una vista buena son generalmente más caras.	☐	☐
4. En España «el piso» es un apartamento.	☐	☐
5. La dirección incluye el código postal (*zip code*).	☐	☐
6. El hogar es un apartamento que alquilas, no es una casa.	☐	☐

 Go to page A–27 to complete ¡Acción! 1.

Gramática

No durmió bien.

e → i, o → u Preterite Stem Changes

Actividad C   Presidentes de los Estados Unidos

Complete each description by matching it to the corresponding president(s).

1. _____ murió a los 46 años de edad, en 1963.

2. _____ fue electo a la presidencia por dos períodos consecutivos, de 1993 a 2001.

3. _____ y _____ murieron el mismo día (4 de julio de 1826).

4. _____ primero fue gobernador de Texas.

5. _____ murió asesinado en un teatro.

a. Lincoln
b. Adams
c. Bush
d. Jefferson
e. Clinton
f. Kennedy

Actividad D   Los cuentos de hadas (*Fairy tales*)

Read the statements and match each one with the character it describes.

1. _____ Durmió durante cien años.

2. _____ Prefirió tener pies (*feet*) y no tener voz (*voice*).

3. _____ Murió al comer una manzana.

4. _____ El lobo (*wolf*) sintió hambre (*hungry*) cuando los vio.

5. _____ Le pidió al hada madrina (*fairy godmother*) un deseo.

6. _____ Divirtió a los ratones (*mice*) con su música.

7. _____ El lobo le sugirió un camino (*path*) largo.

a. la Cenicienta (*Cinderella*)
b. el flautista de Hamelín
c. Caperucita Roja (*Little Red Riding Hood*)
d. la Sirenita (*The Little Mermaid*)
e. la Bella Durmiente (*Sleeping Beauty*)
f. los tres cochinitos (*The Three Little Pigs*)
g. Blanca Nieves (*Snow White*)

Actividad E   ¿Quién fue?

Listen to each statement, then indicate if the speaker is talking about what he and his roommate did or about what his friends did.

	MI COMPAÑERO Y YO	MIS AMIGOS
1.	☐	☐
2.	☐	☐
3.	☐	☐
4.	☐	☐
5.	☐	☐
6.	☐	☐
7.	☐	☐
8.	☐	☐

Go to page A–27 to complete ¡Acción! 2.

SEGUNDA PARTE

Vocabulario

Es mi sillón favorito.

Furniture and Rooms

Actividad A   ¿Qué es?

Escucha las palabras y empareja cada una con la descripción correspondiente.

1. _____ Es el lugar donde ves la televisión con tu familia y amigos.

2. _____ Es el lugar donde pones la ropa cuando no la llevas.

3. _____ Es el lugar donde encuentras el lavabo y el inodoro.

4. _____ Es el lugar donde preparas la comida.

5. _____ Es el lugar donde encuentras el auto y las bicicletas de la familia.

6. _____ Es el lugar donde pones libros.

7. _____ Es el lugar donde duermes.

8. _____ Es el lugar donde sirves la comida.

Actividad B ¿Cierto o falso?

Indica si cada una de las siguientes oraciones es cierta o falsa.

	CIERTO	FALSO
1. Es típico tener una bañera en la cocina.	☐	☐
2. La ducha se encuentra en el jardín.	☐	☐
3. Es bueno poner la lámpara donde uno lee más.	☐	☐
4. En el patio típicamente se encuentran plantas.	☐	☐
5. Un dormitorio amueblado no tiene ni armario ni cama.	☐	☐
6. La sala es donde uno prepara la comida.	☐	☐
7. Los cuadros van generalmente sobre la alfombra.	☐	☐
8. Las mesitas se usan mucho en la sala.	☐	☐

Go to page A–28 to complete ¡Acción! 3.

Gramática

Me conozco bien.   True Reflexive Constructions

Actividad C ¿Independiente o no?

Listen to each sentence and indicate whether it refers to something adults do to babies (**los bebés**) or to themselves (**los adultos**).

	LOS BEBÉS	LOS ADULTOS
1.	☐	☐
2.	☐	☐
3.	☐	☐
4.	☐	☐
5.	☐	☐
6.	☐	☐
7.	☐	☐
8.	☐	☐

Actividad D   Problemas y soluciones

Match each problem with the most appropriate solution.

EL PROBLEMA

1. _____ Tienes que recordarte de una cita importante.

2. _____ Carlos se despierta tarde y tiene un examen en quince minutos.

3. _____ La hermanita de Roberto se distrae (*becomes distracted*) fácilmente.

4. _____ Paula ve a sus amigos en la cafetería.

5. _____ El hijo de Patty es pequeño y no sabe ponerse bien los zapatos.

6. _____ Tienes que recordarle a tu compañero de casa de pagar una cuenta.

LA SOLUCIÓN

a. Lo viste para la escuela.
b. Le escribes un mensaje.
c. Se viste para clase sin ducharse.
d. Se sienta con ellos.
e. La sienta en el comedor, donde no hay televisor, para hacer su tarea.
f. Te escribes una nota.

 Go to page A–28 to complete **¡Acción! 4.**

TERCERA PARTE

Vocabulario

¿Te gusta lavar la ropa?

Domestic Chores and Routines

Actividad A   Asociaciones

Empareja los verbos con los objetos correspondientes.

1. _____ lavar
2. _____ quitar
3. _____ pasar
4. _____ planchar
5. _____ barrer
6. _____ sacar
7. _____ hacer

a. el piso
b. la cama
c. los platos y la ropa
d. el polvo
e. la basura
f. la ropa
g. la aspiradora

Actividad B   Los quehaceres domésticos

Escucha los quehaceres domésticos y empareja cada uno con la descripción correspondiente.

1. _____ Es pasar una escoba (*broom*).

2. _____ Es algo que hacemos para quitarle a la ropa las arrugas (*wrinkles*).

3. _____ Muchas personas hacen esto después de levantarse para arreglar un poco la habitación.

4. _____ Para hacer esto, es preferible usar un buen detergente.

5. _____ Muchos hacen esto con jabón y una esponja (*sponge*) después de cada comida.

6. _____ Es limpiar la alfombra.

7. _____ Es pasar el plumero (*feather duster*).

Actividad C   ¿Qué se usa?

Indica la(s) palabra(s) correcta(s) para completar cada oración.

1. Para lavar los platos necesitas…
    a. ropa.
    b. jabón.
    c. aspiradora.

2. Para limpiar la alfombra utilizas…
    a. la aspiradora.
    b. la estufa.
    c. una plancha.

3. Quitas el polvo de…
    a. la secadora.
    b. la aspiradora.
    c. los muebles.

4. Al barrer, limpias…
    a. la cama.
    b. el piso.
    c. la ropa.

5. Después de lavar la ropa la pones en…
    a. el microondas.
    b. la secadora.
    c. el horno.

6. Pones el helado en…
    a. la nevera.
    b. la estufa.
    c. la plancha.

7. Lavas los platos en…
    a. el comedor.
    b. la sala.
    c. la cocina.

   Go to page A–29 to complete ¡Acción! 5.

Gramática

¿Para mí?

Actividad D   ¿Por qué?

Listen to each sentence or question, then indicate the correct preposition to complete the response. You will hear each sentence or question twice.

1. ¿_____ mí?

   ☐ Por

   ☐ Para

2. ¿_____ cuándo?

   ☐ Por

   ☐ Para

3. _____ la mañana.

   ☐ Por

   ☐ Para

4. Vas a pasar _____ Madison, ¿no?

   ☐ por

   ☐ para

5. Sí, y sustituyo la carne _____ el tofu.

   ☐ por

   ☐ para

6. Así que (so), lo hiciste _____ ella, ¿verdad?

   ☐ por

   ☐ para

Actividad E ¿Por o para?

Indicate the correct preposition to complete each sentence.

1. Mi hermano me fastidia (*annoys*) _____ placer (*pleasure*).

   ☐ por

   ☐ para

2. Voy _____ Miami mañana. Tengo familia allí.

   ☐ por

   ☐ para

3. Este contrato es _____ ti.

   ☐ por

   ☐ para

4. No hay vuelos (*flights*) directos. Tienes que pasar _____ Atlanta.

   ☐ por

   ☐ para

5. No tengo energía _____ la tarde.

   ☐ por

   ☐ para

6. Tengo que escribir la composición _____ el lunes.

   ☐ por

   ☐ para

7. Presté (*I gave*) servicio militar _____ mi país.

   ☐ por

   ☐ para

8. Esta tienda vende ropa _____ niños.

   ☐ por

   ☐ para

 Go to page A–29 to complete ¡Acción! 6.

▲ ¡A escuchar!

Actividad A Doña Isabel

Paso 1 Escucha la conversación del **Episodio 5** entre Carlos y su madre, doña Isabel. Llena los espacios en blanco con las palabras o frases que oyes.

ISABEL: Cuando _____¹ tu papá, te encargaste de los _____.ª² Yo ya estabaᵇ

vieja y tu hermana teníaᶜ otros _____.³

CARLOS: Sí. Ella _____⁴ ha tenidoᵈ otros intereses.

ISABEL: ¡Carlos! ¡Estás grande _____⁵ _____⁶ resentido!

ªte... *you took over the business* ᵇ*was* ᶜ*had* ᵈha... *has had*

Paso 2 Indica si las siguientes oraciones son ciertas o falsas.

	CIERTO	FALSO
1. El padre de Carlos está vivo.	☐	☐
2. La hermana de Carlos se encargó de «Sol y viento».	☐	☐

Paso 3 Escucha el segmento una vez más. Basándote en el contexto, contesta las siguientes preguntas.

1. ¿Cuál es el tono de voz (*tone of voice*) de Carlos cuando habla de su hermana y sus intereses?

    a. algo (*a little*) negativo
    b. muy positivo

2. Según el contexto, ¿qué significa *resentido?* _____

Actividad B No es una profesora típica

Paso 1 Escucha el segmento del **Episodio 5** en que Jaime le dice a María que no es una profesora típica. Luego, contesta las siguientes preguntas.

	SÍ	NO
1. Jaime cree que María es una profesora típica.	☐	☐
2. María se viste de manera formal.	☐	☐

Paso 2 Escucha la conversación de nuevo. Basándote en el contexto, contesta las siguientes preguntas.

1. ¿Qué frase de dos palabras significa *really* or *seriously?* _____

2. ¿Qué significa el verbo **limitarse** en el siguiente contexto: «...Ud. no se limita a su sala de

    clases, a sus libros»? _____

Para escribir

Antes de escribir

Paso 1 Para esta actividad, vas a escribir una breve composición sobre los eventos más importantes en *Sol y viento* hasta el momento. Para comenzar, indica (✔) los eventos más importantes para narrar la historia. (Los espacios en blanco son para el **Paso 2.**)

_____ ☐ Jaime llegó a Santiago.

_____ ☐ Jaime conoció a María en el Parque Forestal.

_____ ☐ Mario se ofreció como chofer.

_____ ☐ Jaime llamó a Carlos.

_____ ☐ Jaime conoció a Carlos.

_____ ☐ Jaime conoció a Yolanda, la esposa de Traimaqueo.

_____ ☐ Jaime supo que Carlos le había mentido (*had lied to him*).

_____ ☐ Jaime salió a correr.

_____ ☐ Carlos le sirvió a Jaime una copa de un vino especial.

_____ ☐ Jaime dio con (*ran into*) María otra vez.

_____ ☐ Traimaqueo le dio a Jaime un tour de la bodega y la viña.

_____ ☐ Jaime invitó a María a tomar algo y ella aceptó.

Paso 2 Pon los eventos que marcaste en orden cronológico. Escribe los números en los espacios en blanco del **Paso 1.**

A escribir

Paso 1 Usa los eventos del **Paso 1** para escribir un borrador en una hoja de papel aparte. Las palabras y frases a continuación te pueden ser útiles.

al día siguiente	the next day
después	afterwards
después de + (*noun/infinitive*)	after + (*noun/gerund*)
entonces	then
luego	then
más tarde	later
pero	but
y	and

Paso 2 Repasa bien lo que has escrito (*you have written*). ¿Quieres agregar (*to add*) oraciones para hacer la narración más interesante? Por ejemplo, en vez de decir: «Jaime fue al Parque Forestal para correr. Allí conoció a María», escribe algo como «Jaime fue a correr en el Parque Forestal donde conoció a María, una mujer joven, atractiva e inteligente».

Paso 3 Intercambia tu composición con la de un compañero (una compañera) de clase. Mientras lees su composición, revisa los siguientes puntos.

- ☐ el significado y el sentido en general
- ☐ la concordancia entre sustantivo y adjetivo
- ☐ la concordancia entre sujeto y verbo
- ☐ la ortografía

Al entregar la composición

Usa los comentarios de tu compañero/a de clase para escribir una versión final de tu composición. Repasa los siguientes puntos sobre el lenguaje y luego entrégale la composición a tu profesor(a).

- ☐ la concordancia entre sustantivos y adjetivos
- ☐ la forma correcta de verbos en el pretérito

▦ ¡Acción!

¡Acción! 1   En la universidad

Imagina que un amigo viene a estudiar en tu universidad. Escríbele una carta de veinticinco a cincuenta palabras para describir la vivienda aquí. ¿Qué opciones hay? ¿Es caro vivir aquí?

¡Hola, _____ !:

_____

_____

_____

_____

_____

_____

Un saludo,

_____ (tu nombre)

¡Acción! 2   ¿Buen compañero de cuarto?

Las siguientes oraciones describen lo que un compañero de cuarto hizo ayer. Primero, completa cada una con la forma correcta del verbo entre paréntesis. Luego, indica si te molesta lo que hizo o no. Cuando termines, indica si crees que Uds. podrían (could) ser buenos compañeros de cuarto o no.

		ME MOLESTA.	NO ME MOLESTA.
1.	_____ (Dormir) hasta mediodía.	☐	☐
2.	Le _____ (pedir) prestados (he borrowed) unos CDs a su compañero de cuarto.	☐	☐
3.	Se _____ (servir) una porción de pizza que alguien dejó en el refrigerador.	☐	☐
4.	Se _____ (divertir) hasta tarde con sus amigos.	☐	☐
5.	Se _____ (sentir) ofendido cuando le dijeron que el apartamento no estaba limpio.	☐	☐
6.	_____ (Conseguir) un gato como mascota.	☐	☐

Seríamos (We would be) buenos compañeros de cuarto.

☐ ¡Por cierto!

☐ Quizás. (Perhaps.)

☐ ¡Ni modo! (No way!)

¡Acción! 3   Mi casa

Contesta las siguientes preguntas sobre tu hogar. Escribe oraciones completas.

1. ¿Cuántos cuartos tiene?

_____

2. Describe el exterior. ¿Tiene garaje? ¿patio? ¿jardín? ¿balcón?

_____

3. ¿Cómo es tu habitación?

_____

4. ¿Cómo es la cocina?

_____

5. ¿Qué muebles y decoraciones hay?

_____

¡Acción! 4   ¿Quién te conoce?

Paso 1   ¿Te conoces bien? Contesta las siguientes preguntas sobre tu comportamiento (*behavior*). Escribe oraciones completas.

1. ¿A qué actividades te dedicas?

_____

2. ¿En qué situaciones te pones límites?

_____

3. ¿En qué situaciones o con quién te expresas bien?

_____

4. ¿En qué momentos te hablas a ti mismo/a?

_____

5. ¿Cuándo y cómo te diviertes?

_____

6. ¿Qué tipo de persona te imaginas que eres?

_____

Paso 2   ¿Los demás te conocen bien? ¿Hay otra persona que podría (*could*) contestar las preguntas del **Paso 1** para ti? Contesta la pregunta a continuación.

MODELO: ¿Quiénes te conocen bien? →
              Nadie me conoce realmente. (Mis padres me conocen muy bien.)

¿Quiénes te conocen bien?

_____

¡Acción! 5   ¿Tienes la casa limpia?

Contesta las siguientes preguntas sobre tu rutina de quehaceres domésticos. Escribe oraciones completas.

1. ¿Con qué frecuencia lavas los platos?

   _____

2. ¿Con qué frecuencia limpias el baño?

   _____

3. ¿Qué usas para quitar el polvo?

   _____

4. ¿Qué usas para lavar la ropa?

   _____

5. ¿Con qué frecuencia barres el piso?

   _____

¡Acción! 6   Personas famosas

Dé el nombre de una persona que hizo cada una de las siguientes cosas, y describe lo que pasó en una o dos oraciones. Trata de pensar en figuras históricas y políticas.

MODELO: alguien que hizo muchas cosas por el bienestar (*well-being*) de la sociedad →
Benjamin Franklin hizo muchas cosas por el bienestar de la sociedad. Descubrió la electricidad, inventó los anteojos (*eyeglasses*) y fue uno de los fundadores (*founders*) de los Estados Unidos.

1. alguien que murió por su patria (*country*)

   _____

   _____

2. alguien que hizo algo bueno para mejorar la sociedad

   _____

   _____

3. alguien que viajó por un lugar (continente, país) muy poco conocido

   _____

   _____

4. alguien que fue elegido (*selected*) para una misión importante

   _____

   _____

Answer Key

Lección 5A

Vocabulario

Actividad B 4, 3, 5, 2, 7, 1, 6 **Actividad C** 1. ventaja 2. desventaja 3. ventaja o desventaja
4. ventaja 5. ventaja o desventaja 6. desventaja 7. ventaja

Gramática

Actividad D 1. a 2. b 3. b 4. b 5. b 6. a

SEGUNDA PARTE

Vocabulario

Actividad B 1. el teléfono 2. el televisor y el teléfono 3. el teléfono 4. el televisor 5. el teléfono
Actividad C 1. Funciona. 2. No funciona. 3. No funciona. 4. No funciona. 5. No funciona.
6. Funciona. 7. No funciona.

Gramática

Actividad E Paso 1 1. b, d 2. b, c 3. a, d 4. b, d 5. a, d **Actividad F** 1. a 2. b 3. b 4. a
5. b 6. c 7. b

TERCERA PARTE

Vocabulario

Actividad B 1. sedentaria 2. activa 3. activa 4. sedentaria 5. sedentaria 6. activa
Actividad C 1. b 2. a 3. b 4. c 5. a 6. a

Gramática

Actividad D 1. posible 2. mentira 3. posible 4. mentira 5. mentira 6. posible
Actividad E 1. c 2. g 3. b 4. e 5. a 6. h 7. d 8. f

¡A escuchar!

Actividad A Paso 1 1. es 2. un 3. regalo 4. Algo 5. decía 6. color 7. de 8. día 9. color
10. de 11. noche 12. se 13. lo 14. dije 15. evidente **Paso 2** 1. falso 2. cierto
Actividad B Paso 1 1. cierto 2. cierto **Paso 2** 1. algo 2. ¿Cómo?

Lección 5B

Vocabulario

Actividad A *Correct order indicated in parentheses.* 1. 535.000 (6) 2. 2.010 (2) 3. 3.342.615 (8)
4. 14.200 (3) 5. 1.739 (1) 6. 21.998 (4) 7. 300.300 (5) 8. 888.002 (7) **Actividad B** 1. g, 1873
2. a, 1010 3. e, 1623 4. b, 1286 5. c, 1312 6. h, 2052 7. d, 1492 8. f, 1776

Gramática

Actividad C 1. e 2. b 3. f 4. a 5. c 6. d   **Actividad E** 1. g 2. e 3. f 4. a 5. h 6. c 7. d 8. b

SEGUNDA PARTE

Vocabulario

Actividad A 1. c 2. a 3. b 4. c 5. c   **Actividad C** 1. d 2. g 3. b 4. a 5. e 6. f 7. c

Gramática

Actividad E 1. b 2. a 3. b 4. a 5. a 6. a

TERCERA PARTE

Vocabulario

Actividad A 1. e 2. c 3. a 4. f 5. d 6. b

Gramática

Actividad C 1. distracción 2. distracción 3. ayuda 4. ayuda 5. distracción 6. ayuda 7. ayuda 8. distracción

¡A escuchar!

Actividad A Paso 1 1. tengo 2. mucho 3. trabajo 4. murió 5. estaba 6. tenía 7. otros 8. intereses **Paso 2** 1. falso 2. cierto **Actividad B Paso 1** 1. falso 2. cierto **Paso 2** 1. a 2. a

Para escribir

Antes de escribir

Paso 1 1. Jaime 2. María 3. Jaime 4. María 5. Jaime 6. Jaime 7. Jaime y María 8. Jaime 9. Jaime y María 10. Jaime 11. Jaime y María **Paso 2** *Chronological order of events (answers may vary slightly)*: 1, 2, 10, 7, 8, 5, 6, 9, 11, 4, 3

Lección 6A

PRIMERA PARTE

Vocabulario

Actividad B 5, 4, 1, 2, 6, 3, 7   **Actividad C** 1. d 2. a 3. b 4. f 5. c 6. e

Gramática

Actividad D 3, 8, 1, 6, 5, 2, 4, 7   **Actividad F** 1. d 2. e 3. a 4. f 5. b 6. c

SEGUNDA PARTE

Vocabulario

Actividad A 1. a 2. b 3. b 4. a 5. b 6. b

Gramática

Actividad E 1. ciclista 2. los dos 3. conductor 4. los dos 5. ciclista 6. conductor
Actividad F 1. e 2. d 3. a 4. f 5. c 6. b

TERCERA PARTE

Vocabulario

Actividad A 1. falso 2. falso 3. falso 4. cierto 5. falso 6. falso 7. cierto 8. cierto
Actividad B 1. c 2. g 3. e 4. a 5. h 6. b 7. d 8. f

Gramática

Actividad E 1. f 2. c 3. a 4. e 5. d 6. g 7. b **Actividad F** 1. c 2. c 3. a 4. b 5. b 6. a
7. c 8. b

¡A escuchar!

Actividad A **Paso 1** 1. de 2. buen 3. color 4. me 5. gustan 6. los 7. mejores 8. del
9. mercado 10. dos 11. kilos **Paso 2** 1. cierto 2. falso **Actividad B** **Paso 1** 1. falso
2. cierto **Paso 2** 1. Piénselo bien. 2. Ya se lo he dicho.

Lección 6B

PRIMERA PARTE

Vocabulario

Actividad A 1. g 2. a 3. d 4. f 5. c 6. b 7. h 8. e **Actividad C** 1. a 2. c 3. b 4. b 5. c
6. a 7. a 8. a

Gramática

Actividad D 1. e 2. f 3. b 4. c 5. a 6. d **Actividad E** 1. un estudiante que suele faltar a su
primera clase porque se desvela 2. una persona que quiere llevar una vida más sana 3. alguien que
quiere practicar el paracaidismo 4. una persona que quiere bajar de peso 5. tu gato, que te despierta
a las 5:00 de la mañana todos los sábados 6. tu compañero/a de cuarto que quemó la cena y le
prendió fuego a la cocina

SEGUNDA PARTE

Vocabulario

Actividad B 1. d 2. a 3. b 4. f 5. c 6. e **Actividad C** 1. pesticidas 2. fertilizantes
3. contaminan 4. se descomponen 5. proteger 6. deforestación 7. peligro de extinción 8. conservar

Gramática

Actividad E 1. d 2. f 3. b 4. a 5. e 6. c **Actividad F** 1. d 2. f 3. b 4. a 5. c 6. e

TERCERA PARTE

Vocabulario

Actividad A 1. b 2. c 3. c 4. c 5. b 6. a 7. b **Actividad B** 1. e 2. f 3. g 4. a 5. c
6. b 7. d

Gramática

Actividad E 1. c 2. e 3. a 4. g 5. f 6. b 7. d

¡A escuchar!

Actividad A **Paso 1** 1. «A ver. Mis ojos no lo creen. Tan bella como siempre.» 2. de tú
Paso 2 1. *Possible answer:* Let me see. 2. *Possible answer:* I don't believe my eyes! 3. exageres
Actividad B **Paso 1** 1. vino 2. de 3. la 4. casa 5. De 6. dónde 7. es 8. el 9. mejor
10. de 11. todos 12. Qué 13. interesante **Paso 2** 1. house wine 2. ¡Qué interesante!

Lección 7A

PRIMERA PARTE

Vocabulario

Actividad B 1. antónimos 2. sinónimos 3. sinónimos 4. antónimos 5. No hay relación.
6. No hay relación. 7. sinónimos 8. No hay relación. **Actividad C** 1. b 2. c 3. b 4. a 5. b

Gramática

Actividad D 1. falso 2. cierto 3. cierto 4. falso 5. cierto 6. cierto
Actividad F 1. d 2. a 3. e 4. b 5. c

SEGUNDA PARTE

Vocabulario

Actividad C 1. c 2. a 3. d 4. b 5. e **Actividad D** 1. la nariz 2. la garganta. 3. tomar aspirina.
4. usar muletas. 5. te lastimas la espalda. 6. tienes los. 7. yeso. 8. los dedos

Gramática

Actividad E 1. Estaba 2. era 3. había 4. tenía 5. veía 6. podía

TERCERA PARTE

Vocabulario

Actividad A 1. cierto 2. falso 3. cierto 4. falso 5. cierto 6. falso 7. falso 8. cierto
Actividad B 1. Porque necesita ver si tiene fiebre o no. 2. Tiene dos. 3. Si tienes alergias.
4. Siempre toman la presión de la sangre. 5. Le sacan sangre 6. Te pesó.

Gramática

Actividad D 1. a 2. b 3. c 4. b 5. a 6. b 7. c 8. a

¡A escuchar!

Actividad A **Paso 1** 1. b 2. c **Paso 2** 1. se enojó 2. vi 3. se veían 4. creía 5. vio
Paso 3 1. a 2. b **Actividad B** **Paso 1** 1. He 2. averiguado 3. ha 4. estado 5. Hemos
6. sabido 7. le 8. importa 9. hace 10. dos 11. años **Paso 2** 1. Paco 2. por Internet y por
teléfono 3. la ecología y la comunidad humana (del Valle del Maipo) 4. Bolivia

Lección 7B

Vocabulario

Actividad A   1. b   2. a   3. c   4. a   5. b   6. c

Gramática

Actividad D   1. cierto   2. falso   3. falso   4. cierto   5. cierto   6. falso   7. cierto   8. falso
Actividad E   1. socios   2. ambos   3. ambos   4. amigos   5. socios   6. ambos   7. amigos   8. socios

SEGUNDA PARTE

Vocabulario

Actividad A   1. f   2. e   3. h   4. c   5. b   6. a   7. g   8. d   **Actividad B**   1. c   2. a   3. g   4. f   5. e
6. b   7. h   8. d

Gramática

Actividad D   1. niño   2. estrella de cine   3. niño   4. ambos   5. estrella de cine   6. ambos
Actividad E   1. llueva   2. falte   3. podamos   4. esté en   5. dé   6. le caiga   7. me hable   8. estime

TERCERA PARTE

Vocabulario

Actividad A   1. se conocen   2. se enamoran   3. se casan   4. terminan   5. se perdonan
6. se divorcian   **Actividad B**   1. a   2. c   3. b   4. b   5. c   6. a

Gramática

Actividad D   1. b   2. d   3. f   4. c   5. a   6. e   **Actividad E**   1. b   2. a   3. b   4. b   5. b   6. a   7. b

¡A escuchar!

Actividad A   **Paso 1**   1. 7 minutos; 45 minutos   2. 30 minutos   **Paso 2**   1. on foot
2. to take a shortcut   **Actividad B**   **Paso 1**   1. Ojalá   2. no   3. sea   4. tarde   5. para   6. que
7. me   8. perdone   9. perdonar   10. A   11. menos   12. que   13. merezca   14. su
Paso 2   1. falso 2. falso

Lección 8A

PRIMERA PARTE

Vocabulario

Actividad A   3, 2, 7, 1, 4, 6, 5   **Actividad C**   1. e   2. a   3. g   4. c   5. h   6. b   7. d   8. f

Gramática

Actividad D   1. irresponsable   2. tacaña   3. responsable   4. irresponsable   5. responsable   6. tacaña

SEGUNDA PARTE

Vocabulario

Actividad A   Paso 1   1. d   **2.** a   **3.** e   **4.** c   **5.** b   **Paso 2   1.** seguro   **2.** seguro   **3.** deuda   **4.** deuda
5. seguro   **6.** deuda   **7.** deuda   **Actividad B   1.** ambos   **2.** el que pide prestado/a   **3.** el que pide
prestado/a   **4.** el que pide prestado/a   **5.** el que presta   **6.** el que pide prestado/a

Gramática

Actividad E   1. c   **2.** b   **3.** c   **4.** a   **5.** a   **6.** b   **7.** c
Actividad F   5, 7, 2, 4, 6, 3, 1

TERCERA PARTE

Vocabulario

Actividad A   1. los recursos naturales   **2.** la agricultura   **3.** la industria   **4.** la agricultura   **5.** los
recursos naturales   **6.** la agricultura   **7.** la agricultura   **8.** la industria   **Actividad B   1.** c   **2.** e   **3.** a
4. f   **5.** b   **6.** d

Gramática

Actividad E   1. d   **2.** a   **3.** f   **4.** b   **5.** c   **6.** e

¡A escuchar!

Actividad A   Paso 1   1. c   **2.** a   **Paso 2   1.** lo que no me gusta es que   **2.** vas a seguir
Actividad B   Paso 1   1. engañarnos   **2.** vecinos   **3.** has   **4.** puesto   **5.** posición   **6.** muy   **7.** difícil
8. Tuve   **9.** estaban   **10.** tenía   **11.** pagaría   **12.** las   **13.** deudas   **Paso 2   1.** b   **2.** c

Lección 8B

PRIMERA PARTE

Vocabulario

Actividad A   1. el periódico local   **2.** el noticiero nacional / el periódico local   **3.** una revista de
moda / el periódico local   **4.** el noticiero nacional / el periódico local   **5.** el periódico local
6. una revista de moda / el periódico local   **7.** el periódico local   **Actividad C   1.** b   **2.** f   **3.** e   **4.** c
5. a   **6.** d

Gramática

Actividad D   1. b   **2.** a   **3.** a   **4.** c   **5.** c   **6.** a   **7.** c   **8.** b   **Actividad F   1.** b   **2.** e   **3.** f   **4.** a   **5.** g
6. c   **7.** d

SEGUNDA PARTE

Vocabulario

Actividad C   1. e   **2.** a   **3.** f   **4.** c   **5.** d   **6.** b

Gramática

Actividad D   1. e   **2.** c   **3.** f   **4.** d   **5.** b   **6.** a

TERCERA PARTE

Vocabulario

Actividad A **1.** b **2.** f **3.** c **4.** a **5.** e **6.** d **Actividad C** **Paso 1** **1.** e **2.** b **3.** d **4.** g **5.** f
6. a **7.** c **Paso 2** **1.** Contribuye al problema. **2.** Crea una solución. **3.** Crea una solución.
4. Contribuye al problema. **5.** Crea una solución. **6.** Crea una solución. **7.** Contribuye al problema.

Gramática

Actividad E 6, 5, 1, 4, 3, 2 **Actividad F** **1.** prohíbe **2.** obliga **3.** obliga **4.** prohíbe **5.** obliga
6. permite

¡A escuchar!

Actividad A **Paso 1** **1.** corazón **2.** cerebro **Paso 2.** c **Actividad B** **Paso 1** **1.** cierto
2. falso **Paso 2** **1.** Has visto (a) **2.** Dile que

Lección final

PRIMERA PARTE

Vocabulario

Actividad B **1.** b **2.** a **3.** b **4.** a **5.** c **6.** c **7.** b **8.** c **Actividad C** **1.** cierto **2.** falso **3.** cierto
4. cierto **5.** falso **6.** falso **7.** cierto **8.** cierto **9.** falso **10.** falso

Gramática

Actividad D **1.** a **2.** f **3.** g **4.** c **5.** e **6.** b **7.** d

SEGUNDA PARTE

Vocabulario

Actividad A **1.** a **2.** b **3.** b **4.** a **5.** a **Actividad B** **Paso 1** **1.** manejar **2.** varias **3.** cosas **4.** a
5. la **6.** vez **7.** dirigir **8.** a **9.** otras **10.** personas **11.** escuchar **12.** ser **13.** comprensivo
14. destrezas **15.** soy **16.** hábil **17.** para **Paso 2** a, d

Gramática

Actividad C **1.** a **2.** b **3.** a **4.** c **5.** c

TERCERA PARTE

Vocabulario

Actividad B **1.** de corto plazo **2.** de largo plazo **3.** de largo o corto plazo **4.** de largo plazo
5. de largo plazo **6.** de largo o corto plazo **Actividad C** **1.** a **2.** c **3.** b **4.** c **5.** a **6.** c **7.** a **8.** b

Gramática

Actividad E **1.** b **2.** e **3.** a **4.** c **5.** d

¡A escuchar!

Actividad A **Paso 1** **1.** a **2.** a **Paso 2** **1.** a **Actividad B** **Paso 1** **1.** b **2.** a **Paso 2** **1.** b **2.** a

Appendix 1: Lección 4A

PRIMERA PARTE

Vocabulario

Actividad B **1.** d **2.** g **3.** e **4.** a **5.** c **6.** f **7.** b **Actividad C** **1.** cierto **2.** falso **3.** falso **4.** cierto **5.** falso **6.** falso **7.** falso **8.** cierto

Gramática

Actividad F **1.** otra persona: Leonardo da Vinci **2.** yo **3.** otra persona: Cristóbal Colón y otros **4.** yo **5.** otra persona: Neil Armstrong y otros **6.** otra persona: su hermano Wilbur Wright

SEGUNDA PARTE

Vocabulario

Actividad B **1.** b **2.** c **3.** a **4.** b **5.** a **6.** b **7.** b **Actividad C** **1.** falso **2.** cierto **3.** cierto **4.** falso **5.** cierto **6.** cierto **7.** cierto **8.** cierto

Gramática

Actividad D **1.** pretérito **2.** pretérito **3.** presente **4.** pretérito **5.** presente **6.** pretérito **7.** pretérito **8.** presente

TERCERA PARTE

Vocabulario

Actividad B **1.** S **2.** N **3.** S **4.** N **5.** S **6.** S **7.** N **Actividad C** **1.** b **2.** c **3.** c **4.** b **5.** a **6.** c

Gramática

Actividad E **1.** d **2.** b **3.** c **4.** a **5.** g **6.** h **7.** e **8.** f

¡A escuchar!

Actividad A **Paso 1** **1.** Muy **2.** interesante **3.** evidente **4.** No **5.** sé **6.** ser **Paso 2** **1.** cierto **2.** falso **Actividad B** **Paso 1** **1.** a **2.** a **Paso 2** **1.** Está bromeando. **2.** por lo menos

Appendix 2: Lección 4B

PRIMERA PARTE

Vocabulario

Actividad B **1.** falso **2.** cierto **3.** cierto **4.** cierto **5.** cierto **6.** falso

Gramática

Actividad C **1.** f **2.** e **3.** b, d **4.** c **5.** a **Actividad D** **1.** e **2.** d **3.** g **4.** f **5.** a **6.** b **7.** c

SEGUNDA PARTE

Vocabulario

Actividad B **1.** falso **2.** falso **3.** cierto **4.** cierto **5.** falso **6.** falso **7.** falso **8.** cierto

Gramática

Actividad D **1.** f **2.** c **3.** e **4.** d **5.** a **6.** b

TERCERA PARTE

Vocabulario

Actividad A **1.** c **2.** d **3.** g **4.** f **5.** a **6.** e **7.** b **Actividad C** **1.** b **2.** a **3.** c **4.** b **5.** b
6. a **7.** c

Gramática

Actividad E **1.** por **2.** para **3.** para **4.** por **5.** por **6.** para **7.** por **8.** para

¡A escuchar!

Actividad A **Paso 1** **1.** murió **2.** negocios **3.** intereses **4.** siempre **5.** para **6.** estar
Paso 2 **1.** falso **2.** falso **Paso 3** **1.** a **2.** *Possible answer:* resentful **Actividad B** **Paso 1** **1.** no
2. no **Paso 2** **1.** de verdad **2.** *Possible answer:* to limit oneself

Para escribir

Antes de escribir
Paso 2 *Chronological order of events:* 1, 5, 2, 3, 6, 9, 10, 4, 7, 11, 8, 12

Verbs

A. Regular Verbs: Simple Tenses

Infinitive Present Participle Past Participle	INDICATIVE					SUBJUNCTIVE		IMPERATIVE
	Present	Imperfect	Preterite	Future	Conditional	Present	Imperfect	
hablar hablando hablado	hablo hablas habla hablamos habláis hablan	hablaba hablabas hablaba hablábamos hablabais hablaban	hablé hablaste habló hablamos hablasteis hablaron	hablaré hablarás hablará hablaremos hablaréis hablarán	hablaría hablarías hablaría hablaríamos hablaríais hablarían	hable hables hable hablemos habléis hablen	hablara hablaras hablara habláramos hablarais hablaran	habla / no hables hable hablemos hablad / no habléis hablen
comer comiendo comido	como comes come comemos coméis comen	comía comías comía comíamos comíais comían	comí comiste comió comimos comisteis comieron	comeré comerás comerá comeremos comeréis comerán	comería comerías comería comeríamos comeríais comerían	coma comas coma comamos comáis coman	comiera comieras comiera comiéramos comierais comieran	come / no comas coma comamos comed / no comáis coman
vivir viviendo vivido	vivo vives vive vivimos vivís viven	vivía vivías vivía vivíamos vivíais vivían	viví viviste vivió vivimos vivisteis vivieron	viviré vivirás vivirá viviremos viviréis vivirán	viviría vivirías viviría viviríamos viviríais vivirían	viva vivas viva vivamos viváis vivan	viviera vivieras viviera viviéramos vivierais vivieran	vive / no vivas viva vivamos vivid / no viváis vivan

B. Regular Verbs: Perfect Tenses

INDICATIVE											SUBJUNCTIVE			
Present perfect		Past Perfect		Preterite Perfect		Future Perfect		Conditional Perfect			Present Perfect		Past Perfect	
he has ha hemos habéis han	hablado comido vivido	había habías había habíamos habíais habían	hablado comido vivido	hube hubiste hubo hubimos hubisteis hubieron	hablado comido vivido	habré habrás habrá habremos habréis habrán	hablado comido vivido	habría habrías habría habríamos habríais habrían	hablado comido vivido		haya hayas haya hayamos hayáis hayan	hablado comido vivido	hubiera hubieras hubiera hubiéramos hubierais hubieran	hablado comido vivido

C. Irregular Verbs

Infinitive / Present Participle / Past Participle	INDICATIVE Present	Imperfect	Preterite	Future	Conditional	SUBJUNCTIVE Present	Imperfect	IMPERATIVE
andar andando andado	ando andas anda andamos andáis andan	andaba andabas andaba andábamos andabais andaban	anduve anduviste anduvo anduvimos anduvisteis anduvieron	andaré andarás andará andaremos andaréis andarán	andaría andarías andaría andaríamos andaríais andarían	ande andes ande andemos andéis anden	anduviera anduvieras anduviera anduviéramos anduvierais anduvieran	anda / no andes ande andemos andad / no andéis anden
caer cayendo caído	caigo caes cae caemos caéis caen	caía caías caía caíamos caíais caían	caí caíste cayó caímos caísteis cayeron	caeré caerás caerá caeremos caeréis caerán	caería caerías caería caeríamos caeríais caerían	caiga caigas caiga caigamos caigáis caigan	cayera cayeras cayera cayéramos cayerais cayeran	cae / no caigas caiga caigamos caed / no caigáis caigan
dar dando dado	doy das da damos dais dan	daba dabas daba dábamos dabais daban	di diste dio dimos disteis dieron	daré darás dará daremos daréis darán	daría darías daría daríamos daríais darían	dé des dé demos deis den	diera dieras diera diéramos dierais dieran	da / no des dé demos dad / no deis den
decir diciendo dicho	digo dices dice decimos decís dicen	decía decías decía decíamos decíais decían	dije dijiste dijo dijimos dijisteis dijeron	diré dirás dirá diremos diréis dirán	diría dirías diría diríamos diríais dirían	diga digas diga digamos digáis digan	dijera dijeras dijera dijéramos dijerais dijeran	di / no digas diga digamos decid / no digáis digan
estar estando estado	estoy estás está estamos estáis están	estaba estabas estaba estábamos estabais estaban	estuve estuviste estuvo estuvimos estuvisteis estuvieron	estaré estarás estará estaremos estaréis estarán	estaría estarías estaría estaríamos estaríais estarían	esté estés esté estemos estéis estén	estuviera estuvieras estuviera estuviéramos estuvierais estuviera	está / no estés esté estemos estad / no estéis estén
haber habiendo habido	he has ha hemos habéis han	había habías había habíamos habíais habían	hube hubiste hubo hubimos hubisteis hubieron	habré habrás habrá habremos habréis habrán	habría habrías habría habríamos habríais habrían	haya hayas haya hayamos hayáis hayan	hubiera hubieras hubiera hubiéramos hubierais hubieran	
hacer haciendo hecho	hago haces hace hacemos hacéis hacen	hacía hacías hacía hacíamos hacíais hacían	hice hiciste hizo hicimos hicisteis hicieron	haré harás hará haremos haréis harán	haría harías haría haríamos haríais harían	haga hagas haga hagamos hagáis hagan	hiciera hicieras hiciera hiciéramos hicierais hicieran	haz / no hagas haga hagamos haced / no hagáis hagan

C. Irregular Verbs (continued)

Infinitive / Present Participle / Past Participle	INDICATIVE Present	Imperfect	Preterite	Future	Conditional	SUBJUNCTIVE Present	Imperfect	IMPERATIVE
ir / yendo / ido	voy	iba	fui	iré	iría	vaya	fuera	
	vas	ibas	fuiste	irás	irías	vayas	fueras	ve / no vayas
	va	iba	fue	irá	iría	vaya	fuera	vaya
	vamos	íbamos	fuimos	iremos	iríamos	vayamos	fuéramos	vamos / no vayamos
	vais	ibais	fuisteis	iréis	iríais	vayáis	fuerais	id / no vayáis
	van	iban	fueron	irán	irían	vayan	fueran	vayan
oír / oyendo / oído	oigo	oía	oí	oiré	oiría	oiga	oyera	
	oyes	oías	oíste	oirás	oirías	oigas	oyeras	oye / no oigas
	oye	oía	oyó	oirá	oiría	oiga	oyera	oiga
	oímos	oíamos	oímos	oiremos	oiríamos	oigamos	oyéramos	oigamos
	oís	oíais	oísteis	oiréis	oiríais	oigáis	oyerais	oíd / no oigáis
	oyen	oían	oyeron	oirán	oirían	oigan	oyeran	oigan
poder / pudiendo / podido	puedo	podía	pude	podré	podría	pueda	pudiera	
	puedes	podías	pudiste	podrás	podrías	puedas	pudieras	
	puede	podía	pudo	podrá	podría	pueda	pudiera	
	podemos	podíamos	pudimos	podremos	podríamos	podamos	pudiéramos	
	podéis	podíais	pudisteis	podréis	podríais	podáis	pudierais	
	pueden	podían	pudieron	podrán	podrían	puedan	pudieran	
poner / poniendo / puesto	pongo	ponía	puse	pondré	pondría	ponga	pusiera	
	pones	ponías	pusiste	pondrás	pondrías	pongas	pusieras	pon / no pongas
	pone	ponía	puso	pondrá	pondría	ponga	pusiera	ponga
	ponemos	poníamos	pusimos	pondremos	pondríamos	pongamos	pusiéramos	pongamos
	ponéis	poníais	pusisteis	pondréis	pondríais	pongáis	pusierais	poned / no pongáis
	ponen	ponían	pusieron	pondrán	pondrían	pongan	pusieran	pongan
querer / queriendo / querido	quiero	quería	quise	querré	querría	quiera	quisiera	
	quieres	querías	quisiste	querrás	querrías	quieras	quisieras	quiere / no quieras
	quiere	quería	quiso	querrá	querría	quiera	quisiera	quiera
	queremos	queríamos	quisimos	querremos	querríamos	queramos	quisiéramos	queramos
	queréis	queríais	quisisteis	querréis	querríais	queráis	quisierais	quered / no queráis
	quieren	querían	quisieron	querrán	querrían	quieran	quisieran	quieran
saber / sabiendo / sabido	sé	sabía	supe	sabré	sabría	sepa	supiera	
	sabes	sabías	supiste	sabrás	sabrías	sepas	supieras	sabe / no sepas
	sabe	sabía	supo	sabrá	sabría	sepa	supiera	sepa
	sabemos	sabíamos	supimos	sabremos	sabríamos	sepamos	supiéramos	sepamos
	sabéis	sabíais	supisteis	sabréis	sabríais	sepáis	supierais	sabed / no sepáis
	saben	sabían	supieron	sabrán	sabrían	sepan	supieran	sepan
salir / saliendo / salido	salgo	salía	salí	saldré	saldría	salga	saliera	
	sales	salías	saliste	saldrás	saldrías	salgas	salieras	sal / no salgas
	sale	salía	salió	saldrá	saldría	salga	saliera	salga
	salimos	salíamos	salimos	saldremos	saldríamos	salgamos	saliéramos	salgamos
	salís	salíais	salisteis	saldréis	saldríais	salgáis	salierais	salid / no salgáis
	salen	salían	salieron	saldrán	saldrían	salgan	salieran	salgan
ser / siendo / sido	soy	era	fui	seré	sería	sea	fuera	
	eres	eras	fuiste	serás	serías	seas	fueras	sé / no seas
	es	era	fue	será	sería	sea	fuera	sea
	somos	éramos	fuimos	seremos	seríamos	seamos	fuéramos	seamos
	sois	erais	fuisteis	seréis	seríais	seáis	fuerais	sed / no seáis
	son	eran	fueron	serán	serían	sean	fueran	sean

C. Irregular Verbs (continued)

Infinitive / Present Participle / Past Participle	INDICATIVE					SUBJUNCTIVE		IMPERATIVE
	Present	Imperfect	Preterite	Future	Conditional	Present	Imperfect	
tener / teniendo / tenido	tengo	tenía	tuve	tendré	tendría	tenga	tuviera	ten / no tengas
	tienes	tenías	tuviste	tendrás	tendrías	tengas	tuvieras	tenga
	tiene	tenía	tuvo	tendrá	tendría	tenga	tuviera	tengamos
	tenemos	teníamos	tuvimos	tendremos	tendríamos	tengamos	tuviéramos	tened / no tengáis
	tenéis	teníais	tuvisteis	tendréis	tendríais	tengáis	tuvierais	tengan
	tienen	tenían	tuvieron	tendrán	tendrían	tengan	tuvieran	
traer / trayendo / traído	traigo	traía	traje	traeré	traería	traiga	trajera	trae / no traigas
	traes	traías	trajiste	traerás	traerías	traigas	trajeras	traiga
	trae	traía	trajo	traerá	traería	traiga	trajera	traigamos
	traemos	traíamos	trajimos	traeremos	traeríamos	traigamos	trajéramos	traed / no traigáis
	traéis	traíais	trajisteis	traeréis	traeríais	traigáis	trajerais	traigan
	traen	traían	trajeron	traerán	traerían	traigan	trajeran	
venir / viniendo / venido	vengo	venía	vine	vendré	vendría	venga	viniera	ven / no vengas
	vienes	venías	viniste	vendrás	vendrías	vengas	vinieras	venga
	viene	venía	vino	vendrá	vendría	venga	viniera	vengamos
	venimos	veníamos	vinimos	vendremos	vendríamos	vengamos	viniéramos	venid / no vengáis
	venís	veníais	vinisteis	vendréis	vendríais	vengáis	vinierais	vengan
	vienen	venían	vinieron	vendrán	vendrían	vengan	vinieran	
ver / viendo / visto	veo	veía	vi	veré	vería	vea	viera	ve / no veas
	ves	veías	viste	verás	verías	veas	vieras	vea
	ve	veía	vio	verá	vería	vea	viera	veamos
	vemos	veíamos	vimos	veremos	veríamos	veamos	viéramos	ved / no veáis
	veis	veíais	visteis	veréis	veríais	veáis	vierais	vean
	ven	veían	vieron	verán	verían	vean	vieran	

D. Stem-Changing and Spelling Change Verbs

Infinitive / Present Participle / Past Participle	INDICATIVE					SUBJUNCTIVE		IMPERATIVE
	Present	Imperfect	Preterite	Future	Conditional	Present	Imperfect	
construir (y) / construyendo / construido	construyo	construía	construí	construiré	construiría	construya	construyera	construye / no construyas
	construyes	construías	construiste	construirás	construirías	construyas	construyeras	construya
	construye	construía	construyó	construirá	construiría	construya	construyera	construyamos
	construimos	construíamos	construimos	construiremos	construiríamos	construyamos	construyéramos	construid / no construyáis
	construís	construíais	construisteis	construiréis	construiríais	construyáis	construyerais	construyan
	construyen	construían	construyeron	construirán	construirían	construyan	construyeran	
dormir (ue, u) / durmiendo / dormido	duermo	dormía	dormí	dormiré	dormiría	duerma	durmiera	duerme / no duermas
	duermes	dormías	dormiste	dormirás	dormirías	duermas	durmieras	duerma
	duerme	dormía	durmió	dormirá	dormiría	duerma	durmiera	durmamos
	dormimos	dormíamos	dormimos	dormiremos	dormiríamos	durmamos	durmiéramos	dormid / no durmáis
	dormís	dormíais	dormisteis	dormiréis	dormiríais	durmáis	durmierais	duerman
	duermen	dormían	durmieron	dormirán	dormirían	duerman	durmieran	

D. Stem-Changing and Spelling Change Verbs (continued)

Infinitive Present Participle Past Participle	INDICATIVE					SUBJUNCTIVE		IMPERATIVE
	Present	Imperfect	Preterite	Future	Conditional	Present	Imperfect	
pedir (i, i) pidiendo pedido	pido pides pide pedimos pedís piden	pedía pedías pedía pedíamos pedíais pedían	pedí pediste pidió pedimos pedisteis pidieron	pediré pedirás pedirá pediremos pediréis pedirán	pediría pedirías pediría pediríamos pediríais pedirían	pida pidas pida pidamos pidáis pidan	pidiera pidieras pidiera pidiéramos pidierais pidieran	pide / no pidas pida pidamos pedid / no pidáis pidan
pensar (ie) pensando pensado	pienso piensas piensa pensamos pensáis piensan	pensaba pensabas pensaba pensábamos pensabais pensaban	pensé pensaste pensó pensamos pensasteis pensaron	pensaré pensarás pensará pensaremos pensaréis pensarán	pensaría pensarías pensaría pensaríamos pensaríais pensarían	piense pienses piense pensemos penséis piensen	pensara pensaras pensara pensáramos pensarais pensaran	piensa / no pienses piense pensemos pensad / no penséis piensen
producir (zc) produciendo producido	produzco produces produce producimos producís producen	producía producías producía producíamos producíais producían	produje produjiste produjo produjimos produjisteis produjeron	produciré producirás producirá produciremos produciréis producirán	produciría producirías produciría produciríamos produciríais producirían	produzca produzcas produzca produzcamos produzcáis produzcan	produjera produjeras produjera produjéramos produjerais produjeran	produce / no produzcas produzca produzcamos producid / no produzcáis produzcan
reír (i, i) riendo reído	río ríes ríe reímos reís ríen	reía reías reía reíamos reíais reían	reí reíste rió reímos reísteis rieron	reiré reirás reirá reiremos reiréis reirán	reiría reirías reiría reiríamos reiríais reirían	ría rías ría riamos riáis rían	riera rieras riera riéramos rierais rieran	ríe / no rías ría riamos reíd / no riáis rían
seguir (i, i) (g) siguiendo seguido	sigo sigues sigue seguimos seguís siguen	seguía seguías seguía seguíamos seguíais seguían	seguí seguiste siguió seguimos seguisteis siguieron	seguiré seguirás seguirá seguiremos seguiréis seguirán	seguiría seguirías seguiría seguiríamos seguiríais seguirían	siga sigas siga sigamos sigáis sigan	siguiera siguieras siguiera siguiéramos siguierais siguieran	sigue / no sigas siga sigamos seguid / no sigáis sigan
sentir (ie, i) sintiendo sentido	siento sientes siente sentimos sentís sienten	sentía sentías sentía sentíamos sentíais sentían	sentí sentiste sintió sentimos sentisteis sintieron	sentiré sentirás sentirá sentiremos sentiréis sentirán	sentiría sentirías sentiría sentiríamos sentiríais sentirían	sienta sientas sienta sintamos sintáis sientan	sintiera sintieras sintiera sintiéramos sintierais sintieran	siente / no sientas sienta sintamos sentid / no sintáis sientan
volver (ue) volviendo vuelto	vuelvo vuelves vuelve volvemos volvéis vuelven	volvía volvías volvía volvíamos volvíais volvían	volví volviste volvió volvimos volvisteis volvieron	volveré volverás volverá volveremos volveréis volverán	volvería volverías volvería volveríamos volveríais volverían	vuelva vuelvas vuelva volvamos volváis vuelvan	volviera volvieras volviera volviéramos volvierais volvieran	vuelve / no vuelvas vuelva volvamos volved / no volváis vuelvan

About the Authors

Bill VanPatten is Professor of Applied Linguistics and Second Language Studies at Texas Tech University. His areas of research are input and input processing in second language acquisition, sentence processing in a second language, and the effects of formal instruction on acquisition processes. He has published widely in the fields of second language acquisition and second language teaching and is a frequent conference speaker and presenter. His publications include *Making Communicative Language Teaching Happen* (with James F. Lee, 2003, McGraw-Hill), *From Input to Output: A Teacher's Guide to Second Language Acquisition* (2003, McGraw-Hill), *Processing Instruction: Theory, Research, and Practice* (2004, Lawrence Erlbaum Associates), *Theories in Second Language Acquisition: An Introduction* (with Jessica Williams, 2007, Lawrence Erlbaum Associates), and most recently *Key Terms in Second Language Acquisition* (2010, Continuum Press). In addition to being lead author of *Sol y Viento,* he is also the lead author of *¿Sabías que... ?* and *Destinos,* as well as the designer for the *Destinos* telecourse. He is also the co-author of *Así lo veo* (2011, McGraw-Hill), an intermediate Spanish program that incorporates a documentary film as a vehicle for instruction and learning.

Dr. VanPatten is the 2007 recipient of the Anthony Papalia Award for Excellence in Teacher Education, awarded jointly by the American Council on the Teaching of Foreign Languages and the New York State Association of Foreign Language Teachers.

Michael J. Leeser is Associate Professor of Spanish in the Department of Modern Languages and Linguistics at Florida State University, where he is also Director of the Spanish Basic Language Program. Before joining the faculty at Florida State, he taught a wide range of courses at the secondary and post-secondary levels, including courses in Spanish language and Hispanic cultures, teacher preparation courses for secondary school teachers, and graduate courses in communicative language teaching and second language acquisition. He received his Ph.D. in Spanish (Second Language Acquisition and Teacher Education) from the University of Illinois at Urbana-Champaign in 2003. His research interests include input processing during second language reading as well as second language classroom interaction. His research has appeared in journals such as *Studies in Second Language Acquisition* and *Language Teaching Research.* He is the lead author of *Así lo veo* (2011, McGraw-Hill) and he also co-authored *Sol y viento: En breve* (2008, McGraw-Hill).

Gregory D. Keating is Assistant Professor of Linguistics and Second Language Acquisition in the Department of Linguistics and Asian/Middle Eastern Languages at San Diego State University. Before joining the faculty at San Diego State, he taught courses in communicative language teaching and Spanish teacher education at the University of Illinois at Chicago, where he received his Ph.D. in Hispanic Linguistics and Second Language Acquisition. His areas of research include Spanish sentence processing, psycholinguistics, the acquisition of Spanish syntax and vocabulary, and the role instruction plays in language acquisition. His research has appeared in *Studies in Second Language Acquisition, Language Learning, Language Teaching Research,* and *Hispania.* He is also a recipient of several teaching awards, including one from the University of Notre Dame where he received his M.A. in Spanish Literature. In addition to teaching and research, he has supervised many language courses and teaching assistants and has participated in the development and coordination of technology-enhanced lower-division Spanish language programs. He is co-author of *Así lo veo* (2011, McGraw-Hill) and *Sol y viento: En breve* (2008, McGraw-Hill).